知识就在得到

详谈 张勇

李翔/著

新 星 出 版 社　NEW STAR PRESS

回到采访

在离开记者这个行业将近 5 年之后，我决定重新开始做采访，并且发表出来。之所以这么做，是出于下面两个理由。

第一个理由，是它本身所具有的知识积累的价值。

我非常喜欢西方历史学之父希罗多德在巨著《历史》的开头写的第一段话：

> 以下所展示的，乃是哈利卡纳苏斯人希罗多德调查研究的成果。其所以要发表这些研究成果，是为了保存人类过去的所作所为，使之不至于随时光流逝而被人淡忘，为了使希腊人和异族人的那些值得赞叹的丰功伟绩不致失去其应有的荣光，特别是为了把他们相互争斗的原因记载下来。

这句话揭示了采访的价值所在。采访、记录和研究的目的是对抗遗忘，让后来的人可以真正做到站在前人的肩膀上前行，而不至于陷入不断重蹈覆辙或者不断重新发明轮子的怪圈中。

采访、记录和研究的对象，既包括"那些值得赞叹的丰功伟绩"——我们之中那些优秀的创造者们，不断在用自己的聪明才智创造出一些让我们所有人都变得更好的产品、服务和组织；也包括失败和争斗——即使是我们之中那些最优秀的人，也难免会犯下错误，这些错误其实都是在为作为一个整体的我们试错，都值得被记录。

这件事情在今天尤其值得做，因为今天做这种采访、记录和研究的人正在减少。这里面当然有很多原因，包括传统的严肃媒体的衰落；包括因为社交网络的发达，受访者的只言片语越来越容易被拿出来放大，这让他们越来越小心谨慎；包括各种碎片化或娱乐化的内容已经挤占了人们越来越多的时间，以及内容生产者们越来越倾向于认为，受众就是喜欢碎片化和娱乐化的内容。

但是所有这些原因都没有改变希罗多德指出的采访、记录和研究的价值——它是我们的知识积累的一部分。

尤其是那些一手的采访，可以让其他行动者受到启发，获得激励，或者哪怕仅仅知道自己并不孤独；也可以成为其他人研究或者评论的基础——至少可以通过一手的采访知道当事者究竟是如何想的，哪怕你认为他想的并没有道理。

第二个理由，是我还挺高兴做这件事情的。

每个人眼中世界上最好的工作都不一样。对于我而言，最好的工作就是可以见到那些我喜欢的创造者们，听他们分享自己的成就、经验、方法和挫败。为了避免显得自吹自擂，这个理由就说到这儿吧。

拿到这套小册子，你会看到什么？

首先，当然是第一手的长篇访谈。我会努力找到我能找到的、我欣赏和尊重的、最优秀的商业实践者和价值创造者，向他提问，请他分享他的实践经验、做事情的方法，包括经历过的挫败和收获。

我自己觉得它们一定会对你有所启发。而且，我还抱有一种雄心，就是希望它们在十年甚至几十年后，仍然能够激发读到的人。

其次，如果你愿意跟随这趟旅行，我相信你能看到一幅逐渐在你眼前展开的画卷。它不是静止的、一次性的，而是动态的、发展的。因为在我的设想中，我希望能够跟访谈的对象保持一个长期的、以十年甚至数十年为单位的沟通，把他们的想法和实践动态地、周期性地呈现出来。你看到的会是一部正在发展的、以人为单位的价值创造史，里面会有成就和经验，也会有矛盾和变化——毕竟世界本身就是不断变化的，它要求实践者做好准备随时推翻自己。

最后，因为这件事情要持续做下去还挺难的，所以我想用意大利著名记者法拉奇的一句话做一下自我鼓励：

我说我每进行一次采访都花了心血，这并不言过其实。我要花费很大的劲才能说服自己：去吧，没有必要成为希罗多德，你至少能带回一块对拼组镶嵌图案有用的小石头，和对人们思考问题有用的情况。要是错了，也没有关系。

最后的最后，希望这些文字真的对你思考问题有用，并让你得到激发，去进行自己的创造。

李翔

2020 年 10 月 20 日

张勇是谁

张勇是一名餐饮行业的企业家。不过，他更乐于称自己为一个厨子。

他在 1995 年创办了餐饮公司新荣记。如果以商业上的标准来衡量，新荣记毫不起眼。这是一家典型的慢公司。新荣记成立 26 年，只不过在北京、上海、香港、深圳等城市开办了30 多家店。你也从来不会听说新荣记做过多少融资、估值有多高。

换句话说，张勇和新荣记的成就，并不在于规模上多么引人瞩目。

但是，如果换另外一个标准来衡量，你会惊讶于张勇和新荣记达到的高度，并且好奇他究竟是如何做到这一点的：新荣记是中国餐饮品牌中收获米其林星级最多的一个。

在全世界范围内，《米其林指南》都是公认的权威餐厅评价标准。能够获得米其林的认可，是很多主厨和餐厅主理人毕生的追求。其中代表最高荣誉的米其林三星餐厅，被认为值得专门为其安排一趟旅行。

而截止到 2021 年，新荣记旗下餐厅一共摘下了 11 星——其中包括北京第一家米其林三星餐厅新荣记新源南路店。2019 年这家店入选米其林三星餐厅时，新荣记也是中国内地唯一一个米其林三星中餐品牌。

一家公司的同一品牌在不同城市都能入选米其林，这在全世界范围内都是罕有的现象。因此，餐饮行业人开玩笑称张勇和新荣记是米其林"收割机"。

1

1995 年 10 月，从当地一家银行辞职的张勇在浙江台州临海开办了他的第一家餐厅：一家名叫新荣记的海鲜小排档。这家餐厅开在一间地下室，价格不菲——客单价在台州当地可谓高昂，却迅速宾客盈门。

在当时甚至其后很长一段时间里，张勇都是把开餐厅视为爱好。他年轻时喜欢美食，可以为了一顿饭跟朋友包下一辆出租车，花费四个小时去另一个城市温州吃一顿海鲜。开第一家餐厅的时候，他的一位朋友还开玩笑说，这样日后即使你做生意把钱赔完，至少还有一个地方可以吃饭。

台州重商，也出富商大贾，其中最知名的是吉利汽车的创始人李书福。李书福从骑着一辆自行车走街串巷给人拍照起步，一步步将吉利汽车打造成一家世界 500 强汽车制造商。除了汽车和汽车零部件之外，在家电、化工、电机、家具、塑料、医药等行业，台州都有不小的公司出现。

张勇在商业上亦有雄心。后来他开玩笑说，他一直认为开餐厅是自己的副业，他是要做大生意的。因此，凡是那时候能做的生意，他都做过一遍，从汽配、造船到开矿。只不过，大生意屡战屡败，反倒是他视为爱好的餐饮，一路走下来，从来没赔过钱，而且一直维持着极好的口碑。新荣记也从台州本地，逐渐开到杭州，开到上海，开到北京，并且开到了粤菜重镇、高端餐饮竞争激烈的香港。每到一地，新荣记都凭借菜品和服务，成为当地最受欢迎的餐厅之一。

在跟我的闲聊中，张勇会半开玩笑半认真地说，一个人真的要花很多时间，走过很多路径，才能找到真正适合自己的事业，他认为这就是"命"。每个人都是如此。天才可能在少年时就会意识到自己的"命"应该用来做什么，普通人则要经过无数的挣扎和不甘心。

或者用作家茨威格的话说："一个人最大的幸运，莫过于在他的人生中途，即在他年富力强时发现了自己生活的使命。"①

谈到一位浙江的制造业大亨，他说其实对方也曾经着进入过房地产行业，但是每次进入，都刚好遇到宏观环境的变迁，只能赔钱离场，但是在制造业，就一路做得风生水起。制

---

① ［奥地利］斯蒂芬·茨威格：《人类群星闪耀时》，陈亦舟译，安徽人民出版社 2012 年版。

造业就是这位大亨的"命"。

他自己也是如此。我们第一次见面时，张勇曾跟我回忆他早年做生意的经历。他曾经近乎孤注一掷地把自己财富的命运押在开矿上。在一处荒野里，他指着一个地方对工人说，就在这里开始挖，"如果挖不出东西，你们就把我埋进去吧！"而随着年龄渐长，他回过头才发现，自己的"命"就在餐饮业。在他以偏执的精神一处处死抠餐厅的细节、眉飞色舞地给朋友讲一道菜如何做出来时，他才逐渐意识到，这正是自己的热情所在。

2

我在 2020 年的冬天第一次见到张勇。我们共同的朋友，凤凰网的生活方式总监王振宇带我去跟张勇吃饭。张勇在他新开的位于北京金融街威斯汀酒店一层的湘菜餐厅"芙蓉无双"接待我们。在座的还有太二酸菜鱼的创始人管毅宏和曾任香格里拉酒店集团葡萄酒总监的华人侍酒大师吕杨。

在之后的一年时间里，我们有断断续续的交谈，也有长时间的采访。

张勇打动我的地方在于，他向我展现出了世界的丰富性。在我过去的职业生涯里，充斥的是闪电式增长的逻辑，是对效率提升的无限制的追求，是对可复制的商业模式的打磨。这个世界的逻辑似乎是清晰可见的：找到用户的需求并通过创新的方式来满足，做出最小化可行性产品，验证用户的需求并建立单位经济模型，融资，然后借助资本的杠杆快速复制以谋求增长，上市，拿到更多的钱，在资本市场的压力下寻求更高的增长速度，然后，还要时刻提心吊胆地去寻找第二条增长的曲线。

但是在张勇的逻辑中，所有这些似乎都不存在。新荣记没有办法四处复制。恰恰相反，他追求的是每一家店都要与众不同，从菜品、服务到环境，这意味着他没有办法高速增长。新荣记没有办法提供所谓的高性价比的产品，因为他笃信，要把菜和服务都做到极致，就必须不惜成本地投入。新荣记似乎也没有办法提高效率，对于餐饮而言，效率要通过翻台率实现，但是张勇把食客在餐厅的体验视为更高的追求，他不希望人们只是在这里匆忙消费。

在我看来，他更像是一位通过线下店，食材甄选，菜品创意、呈现和服务来表达自己的艺术家。他似乎从不慌张，因此能有耐心从容地把自己关于菜品的想法和创意表达出来。而对于菜品和服务的极致追求，也让他得以享受到市场的正反馈。

这种正反馈至少来自三个方面：第一个方面是普通用户的正向反馈，新荣记旗下的餐厅几乎每开一家就会火一家。一家新店用不了多久，订位置就会变成一件困难的事（别问我是怎么知道的）。第二个方面是行业内权威评价体系的认可，在这一点上，没有什么比米其林的认可更能说明问题了。第三个方面则是商业地产和合作品牌的认同。新荣记开始被看作一家可以比肩国际一线的消费品牌，这让张勇在门店选址上有了更多的选择。

在我看来，你至少可以从张勇的谈话中受到以下启发：一个人如何找到自己的天赋所在；在一个不是风口的、再传统不过的行业中，如何通过对极致的追求创造出令人瞩目的成就；在一个领域内，如何不断专精，积累出一个行业顶端的品牌。

这是我们这个时代一个颇为与众不同的故事：相对于规模，他更倾向于品质；相对于速度，他更倾向于耐心；他用在质上的进取，来取代在量上的贪婪。

2021 年访谈

1

在江南十月仍然温暖的晚上，张勇带我们参观新荣记在台州临海的总店。

开始时，是我临时起意决定去台州旅行，想要看一下台州的新荣记。这家米其林三星中餐品牌起源于台州一座叫临海的小城。

这座城市三面环山，有着超过一百一十万人口和漫长的历史。鉴真在他六次尝试东渡日本的过程中，曾经在临海古城的龙兴寺中停留。日本佛教天台宗的创始人最澄大师也曾在这座寺庙修习佛法。临海的古城墙号称江南长城，它由明代抗倭名将戚继光修缮和加固，其中一种建筑形式"双层空心敌台"，后来还被大规模应用于明清北方长城的修筑中。这是一种堡垒似的双层建筑，下层空间用于休息及存储武器、粮草，上层空间可供军队放哨、防守和射击。

除此之外，让本地人自豪的还有他们的美食。因为依山傍海，台州盛产海鲜，本地话说"无鲜勿落饭"。台州也盛产各种时令水果，"五月枇杷黄，六月杨梅红，七月水蜜桃，八月雪梨葡萄熟，十月蜜橘葡萄香"。台州的小吃，可以每个节日吃到不重样（包括但不限于麦虾、蛋清羊尾、食饼筒、扁食、麦饼、豆面碎、麻糍、海苔饼、青团、糟羹），不像北方，所有节日都利好饺子。

而在台州所有的美食和所有的热门旅行目的地中，最火爆的正是临海新荣记。

火爆到什么程度呢？我在出发之前提前一周打电话订位置，结果没有订到，而且也不接受现场等位。没有办法，我只好去找新荣记的创始人张勇。

张勇一口答应，没问题，包在他身上。然后到我准备去吃饭的前一天晚上，他语带歉意地告诉我：实在是没有位置了，要不这样，我刚好在临海，晚一点我们一起吃？

好在小城人用晚餐时间都很早。新荣记每天晚上也只开放两个时段的订位：下午四点半和晚上六点半，之后就不再接待新的客人。

在第二个时间段用餐的某桌客人空出位置之前，张勇带我们参观新荣记。他十多年前在家乡买下一块地，然后请来国际知名设计师 Jaya Ibrahim 做整体设计——包括杭州法云安缦和北京颐和安缦①在内的众多酒店就是 Jaya 的手笔——单单设计费就花了两千万，"我喜欢 Jaya 的设计，我就觉得一定要请他。"

张勇说，最开始发餐厅的设计项目书给 Jaya，Jaya 的商务团队都觉得不可思议：一个中国五线城市的一家餐厅，怎么请得起 Jaya 做设计？

新荣记付了差不多四百万的定金来证明自己的诚意。

但设计的过程也并不是一帆风顺。Jaya 的团队把一份设计效果图发给张勇之后，张勇并不满意，他觉得这不是他想要的效果。后来，张勇和设计师 Jaya 两个人约在杭州灵隐寺附近的法云安缦见面。张勇后来回忆："吵得特别厉害。我说我是你的客户，我想要的是什么你都不知道，就画了一个东西给我，我肯定不接受。吵了一个多小时。后来我说算了，设计预付费给你，不要你设计了。"

在他已经准备放弃的时候，可能是出于设计师的骄傲，Jaya 把他留下来，又聊了一个多小时。最后设计师对张勇说，我一定会把你想要的东西实现出来。

Jaya 最终呈现出来的就是临海灵湖边上的一座餐厅，拥有开阔的长廊和舒适的户外，对于空间的使用堪称奢侈——这两个区域都没有设置就餐位，只是客人穿行、等待和闲聊的

---

① 安缦是全球知名的酒店品牌，选址都在各国最有历史文化、最有特色的景点附近。安缦在中国一共拥有四家度假村，其中两家分别位于北京的颐和园和杭州的灵隐寺附近。

空间。

餐厅的旁边还有一栋楼，设计时本来是想作为开放的会所，但是当会所变得不合时宜之后，主人又不忍心改变原本的设计，于是现在就变成了展示他收藏的茶、酒、红木、书画和接待私人朋友的地方。

从这里的展示也能看到张勇个人爱好的变迁，以及新荣记的历史。他曾经有一段时间喜欢收藏红木，用他自我调侃的话说是一度跟风；他还收藏各种武财神关羽的画和雕塑；至于自己收藏的字画，他摆摆手，谦逊地表示，全部加起来"抵不上外面有些人藏的一幅画的价格"。

在临海新荣记也能看到这个品牌一些有趣的历史痕迹。一面墙上挂着一副对联："新美食居好海鲜坊，美食新居海鲜好坊。"这是新荣记 1995 年 10 月开第一家店时做的直白的宣言。到了 1998 年，张勇在临海东湖开第二家店，开始有一段时间，无论怎么努力生意都上不去。张勇笑着说，他们把能想到的各种方法都试了一遍，什么"封建迷信"都试过了，也没有效果。直到有一天，他在餐厅的仓库里看到这副对联，破破烂烂放在角落，就让人重新装裱一下，挂到第二家店，结果从此开始转运。2013 年临海灵湖新荣记开业，他又让人把这副对联挂了过来。

张勇早年为新荣记想的经营理念，也做成了匾额挂在灵湖新荣记前台后面的墙壁上："衣必求暖，然后至丽；居必求安，然后至乐；食必求真，然后至美。"后面这两句，"食必求真，然后至美"，到今天也是新荣记的产品理念。

为了庆祝新荣记成立26周年，临海灵湖新荣记入口处也摆放了两尊关公，一尊是绿袍关公，一尊是红袍关公。其中一尊是新荣记在开第一家店时就摆着的。1995年张勇创办新荣记时，不但借鉴了粤菜的做法，而且把广东餐厅常见的武财神关羽也请了过来。自此，每一家新荣记都会在入口处醒目地供奉武财神关羽。

张勇喜欢点新荣记新近创意的菜，就像一个作家每次都会说自己最好的作品是刚刚出版的作品，他也为自己的新菜得意，而且从新菜中，也可以看出他做菜品创意的思路。

其中一道菜是"臭豆腐烧臭黄鱼"。这道菜只在北京宝格丽酒店旁的新荣记米其林三星店才有，但是今天张勇决定让我们在临海新荣记尝一下。

这道菜的灵感来自湘菜的臭鳜鱼做法。在筹备湘菜餐厅芙蓉无双的过程中，随着对湘菜的研究，张勇开始设想，是否能把湘菜中臭鳜鱼的做法引入到新荣记。

他的做法是用湘菜的烧制方法结合台州的食材。鳜鱼可以替代为新荣记最有名的食材黄鱼。名贵的野生黄鱼用来发酵制作臭黄鱼当然有些浪费，但用人工养殖的黄鱼也要选择优质的，在工厂中一遍一遍尝试怎么让黄鱼自然发酵，做到口味最好——张勇说，在食品安全上完全不用担心，因为自然发酵的食物对人体是有益处的；至于臭豆腐，选用浙江绍兴最好的臭豆腐就可以。

再比如新荣记的一道名菜"水潺蚝烙"。蚝烙是潮汕地区很流行的海鲜做法，水潺又叫龙头鱼，是新荣记很喜欢用的一种食材。

张勇对食物的敏锐在用餐过程中也能体现出来。同样是来自湘菜的一道小炒肉，张勇吃了一口，就把站在旁边的服务员叫过来说，你跟后厨说一下，今天的小炒肉用的肉不对，不是前腿肉。

2

临海灵湖新荣记从 2009 年 4 月开始动工，到 2013 年 1 月开始试营业，前后经历近四年。张勇笑称，自己做事情是"拖拉机"，因为对细节看得很重，所以开店很慢。

但是临海的另一个新荣记旗下品牌"荣庄"，却是他开店速度最快的一家，前后只用了四个月。原因是他的外甥结婚，只有一个要求，一定要在新荣记办婚宴。但是张勇早就立下了规矩，不能在新荣记举办大型宴会活动。于是，他从零开始，做了一个有大宴会厅的荣庄出来。到今天为止，新荣记把所有的大型活动全部放到了荣庄。

荣庄也是我在临海去的第一家新荣记旗下餐厅。在我到临海的第一个晚上，我们从位于临海古城的酒店出发，穿过灵江，跟着地图导航到了荣庄。

荣庄的宴会厅正在举办婚宴，两个年轻人在海南读大学时相识，经过漫长的恋爱之后决定在这个夏天结婚。有和我们一样迷路走到宴会厅的其他客人，也是趁着假期慕名来吃新荣记旗下的餐厅，在服务生的指引下，穿过后厨走到前厅，然后在听说要等位两个小时之后放弃。

我们则安静地排队，听着接电话的服务员劝说打电话过来的客人不用再过来了，因为等位时间过长。她后面的墙上则挂着新荣记旗下各品牌餐厅拿到的米其林荣誉。

虽然《米其林指南》只在新荣记进入的三个城市北京、上海和香港展开评级，但是不妨碍那些旅行到其他有新荣记餐厅的城市的游客慕名前往，毕竟新荣记可是创下了很多纪录——包括香港新荣记开业十个月就摘得米其林一星；包括北京新荣记新源南路店开创式地拿下了中餐品牌的米其林三星；包括张勇尝试做官府菜的第一年，"京季"就摘得米其林二星；包括新荣记旗下餐厅共计摘得十一星的传奇。更何况，临海还是新荣记品牌起家的城市，这里有更多的新荣记在餐饮上的尝试。

在荣庄，我见识到了张勇希望在北京新开的餐厅"荣季·95"尝试的明档点菜。确定你吃饭的台号之后，服务员会拿着点菜的机器，带你走过新荣记做小吃的档口，厨师们在你面前做着临海本地的小吃，如麦饼、食饼筒、扁食；再带你走入一个单独的房间，在这个通风良好的房间里，各种食材按照海鲜、牛羊肉、蔬菜等分类摆放着。

于是，在这个房间，我第一次看到了沙蒜长什么样子。新荣记用这种生长在台州海湾的海鲜，来烧制自己广受欢迎的一道菜：沙蒜烧豆面。

我们两个人点了沙蒜烧豆面、鹰抓虾、鲳鱼烧年糕、梅干菜大饼，再加一个青菜。很多订不到新荣记位置的客人，都会把荣庄视为一个替代选项。

新荣记和荣庄之外，在临海，还有一家叫"荣村"的餐厅，定位是农家乐，建在一条小溪旁，鸡则养在一片竹林之中。荣村的员工基本都是从新荣记退休的老员工，如果不愿意待在家里，他们可以有个地方继续做事。

除此之外，在临海，还可以看到新荣记对川菜的尝试。

川菜馆"荣家川味小厨"在一座写字楼的四层。跟张勇吃饭的时候，他提到，他太太和儿子喜欢去这家餐厅。不过，在决定亲自去做电商品牌"荣叔真选"之后，张勇要求这家原本叫"荣叔川味小厨"的餐厅把名字改掉了。结果，第二天我叫了一辆滴滴专车，一上车，司机就问：去荣叔是吗？

还有荣家小吃。这是新荣记最亲民的一个品牌，几乎囊括了所有临海小吃，还提供一些简单的炒菜。我们去的是临海古城热闹的紫阳街上的一家。

我用了几分钟才明白在荣家小吃排队等位置的方法。这是一种在被城市叫号等位方式教育过之后，我已经完全忘记的方法。你需要大略扫视一遍正在大快朵颐的食客，判断一下哪一桌的客人马上要吃完走人，然后站在旁边等候。等他们推开碗筷，站起来走人，你就立马坐下来，招呼服务员把吃剩的饭菜和用过的碗筷收走，然后扫桌子上的二维码点餐。这是街边小吃店的做法。

我在台州的最后一餐是荣记火锅。为了吃荣记火锅，我们要在晚上离开临海，前往几十公里开外的椒江。台州市政府在1994年从临海搬迁到了椒江。到今天为止，这仍是一个在互联网上让台州人争吵不休的话题。一位网友这样说："每年都有人提问，然后开战，循环播放。"最直接的支持搬迁的理由是，临海是一座四周环山的盆地，因此城市没有办法扩张。而椒江有港口，又有大片的土地可供城市开发。椒江的荣记火锅就在椒江的商务区，那里遍布高耸的摩天大楼和宽阔的多车道马路，风格的确与临海的老城风貌不同。

新荣记旗下的火锅店到今天为止只开了四家，其中有两家还属于"店中店"，也就是开在新荣记的门店旁边。单独的两家火锅店，一家在北京的三里屯，另一家就在椒江。椒江荣记火锅的总经理金女士说，新荣记最初做火锅的想法就是，"我们的食材这么好，涮一下，肯定也好吃"。在荣记火锅最受欢迎的涮菜，是和牛和海鲜，我们则点了水潺、蚕虾、螺片、蛏子。

除了火锅之外，这里还有一道受欢迎的菜，叫铁板棉同。棉同是黄鱼的一种，在铁板烤制之前要预先腌制。服务员会跟你讲解这道菜制作的过程，以及它的难点——因为棉同的边缘很薄，经过腌制之后，要想办法来解决整条鱼咸度不一样的问题。

既能够提供服务，又能讲菜的这名服务员，来自四川乐山的一所学校。新荣记跟她所在的学校进行合作，她可以先到新荣记实习，实习结束之后，如果双方都对彼此满意，她就可以留在这家餐饮公司继续工作。

3

我在过去的一年多时间里，以旁观者的眼光，目睹了新荣记的品牌扩张以及张勇在餐饮上的尝试：从做官府菜的京季、做湘菜的芙蓉无双、食材电商荣叔真选，再到带有怀旧意味的荣季·95——其中两家店就开在我位于北京的办公室旁边。

2020年北京的疫情刚刚好转时，新荣记在大望路丽思卡尔顿酒店的二层开了一家新店——京季。京季不是新荣记起家的台州菜，而是官府菜。因为这家店就在我的办公室旁边，我起初常会约人在那里吃午餐，脆皮牛腩和麻婆豆腐是每次必点的菜。不过，等到疫情进一步好转，而且京季也摘得米其林二星之后，再想订到位置，就变得困难了。

2020 年 12 月，我们在北京金融街的芙蓉无双吃饭。在这里，我第一次听他讲自己的雄心。

他会一遍一遍调侃说自己的企业"做不大"；但同时也会说，如果将来的商业史或者餐饮史上，会写到跟他同名的海底捞创始人张勇，那么一定也会写到他。

当然，我可以理解他的这种"自负"。因为，未来一定会有人店开得比海底捞更多，市值做到比海底捞更大，但是，没人能改变这一事实——新荣记是中国内地第一家摘得米其林三星的中餐品牌。

为什么要做湘菜？因为张勇自己喜欢吃湘菜，于是就开始想，湘菜是否能够做得跟大家的刻板印象不同，并不就是点几个菜，很辣，就着米饭吃。讲着讲着，他又说，他的一个愿望就是，能够在有合适的机会时，用自己的方法，把中国的菜系都做一遍。

半年之后，张勇邀请我参加新荣记的"荣家饭局"，主题是菌菇。张勇带着团队在云南菌菇的旺季，到当地去寻找食材和创意的灵感，然后在包括北京和上海在内的几个城市，给新荣记的老客人做一场"菌菇宴"。北京这场就在米其林三星的新荣记新源南路店。在等候客人到场时，他跟提前到的宾客一起聊天、喝茶、吃杨梅。

坐在亮马河河畔，张勇跟我说，他希望自己有两样东西可以留下来。第一样东西是新荣记的菜单。说着他掏出手机，给我看新荣记内部自己整理的过去的各种菜单，按照场景和案例编辑好，比如荣家饭局的菌菇宴的菜单，再比如为某位提出特殊宴请要求的客人定制的菜单。

第二样东西是他刚开始做的食材内容和食材电商。因为自己的职业和挑剔的习惯，张勇日常的重要工作之一，就是到各地去寻找好的食材。在 2021 年，他决定把这变成一个正经八百的事情。

这个工作分成两个部分。第一个部分是视频内容，一个小小的拍摄团队会跟着他，到全国各地去寻找好的食材，然后做成纪录片，通过短视频的形式对外发布，这就是《荣叔拾味》。

第二个部分是一个会员电商系统，用来把《荣叔拾味》发现的食材，卖给会员客户，也就是荣叔真选。

不过，要想达到他的标准并不容易。荣叔真选在端午节尝试卖了一次粽子。在浙江做粽子的工厂很多，张勇自然也认识一些，所以开始的时候，他是把食材的原料和配方给到工厂，请工厂照着做。

做完之后，张勇再把粽子拿过来盲测。如果吃起来跟之前他自己做的粽子口味一致，那就是合格的荣叔的粽子，可以上线销售。但是结果让人失望，每一次，他都觉得跟之前自己做的粽子，在口味上还是有一些差别。

最后，没有办法，还是拿回新荣记自己的中央厨房来做，专门有二十个人放下其他工作来包粽子。他做食材和食物电商，跟他开店奉行同样的原则：第一，贵不是胡乱定价，贵是因为所有的东西都用最好的，贵有贵的道理；第二，"生意做不好没关系，品牌出了问题才是大问题"。

他也会兴致勃勃地讲他开店的过程。香港是粤菜的大本营，也是高端餐饮竞争最激烈的城市之一，因此，新荣记在香港开店之前，有朋友专门来劝他，不要在香港开店。张勇回答，我已经答应别人了，现在怎么能不开？

开业之初，新荣记就上了不少香港媒体的头条，说的却不是什么好话，都在批评新荣记菜太贵，"把蛇卖出龙的价格"。不过，新荣记在香港迅速就站稳了脚跟，先是成为所谓的"新富豪饭堂"，受到名流的欢迎，包厢中坐满了商界名人。客人还会向领班打听，今天还有哪位熟人来吃饭。接下来，又因为开业十个月就摘下了米其林一星，名声大噪，就连大厅里也一座难求。

香港新荣记有一道菜叫"白松露炒海味"，曾经在香港餐饮圈引起轰动。炒海味在粤菜餐厅是常见的一道菜，张勇在做法上对它进行了创新：先用谭府菜做法烧的汤煨海味，让海味入味，然后根据时令，配以白松露这样的食材。

阿一鲍鱼的创始人、名厨杨贯一，当时已经是八十多岁的老先生，让他的大弟子打电话给张勇，说要来吃新荣记的炒海味。张勇很吃惊，说杨先生是海味大家，为什么要来新荣记吃？对方回答，因为听到很多客人夸新荣记的这道菜。

4

张勇说，开始做餐厅时，他从未想过自己的餐厅有一天可以评上米其林，只是，"新荣记刚好在那个时候出现了"。起初是运气，到后面，因为跟人聊天聊得多，吃过的米其林餐厅也多起来，他就慢慢懂得了米其林评委的一些偏好。

"米其林"是这个圈子的一个魔咒。有一次他去国外旅行，通过导游在一家米其林餐厅订好位置，等到他到了餐厅，主厨听说来的客人是中国米其林餐厅的主理人，非常热情地出来打招呼，还带着他去看后厨、参观整个餐厅。这是同道中人的互相认可。

但是也有沮丧和不忿。他的一个朋友开餐厅，在评选之前，信誓旦旦说自己的餐厅一定会摘星，但是结果出来就很沮丧。张勇劝他："你在哪儿看到过一个近万平的餐厅评选上米其林的？"最简单的道理就是，餐厅面积太大，你根本照顾不过来方方面面的细节，难免就会出岔子。

2019 年，《米其林指南》进北京，新荣记一个品牌同城三家店摘得五颗星，创下了米其林同城同一品牌餐厅摘星的纪录。在那之前，张勇正在意大利阿尔巴旅行，代表米其林中餐主理人参加阿尔巴白松露节。现场要求表演厨艺，张勇思来想去，决定做白松露蛋炒饭。意大利的橄榄油很好，鸡蛋很好，再配上当地的白松露，刚好做中餐里最朴素、最经典的一道菜：蛋炒饭。

张勇很得意：阿尔巴的市长吃完蛋炒饭之后，跟我拥抱的时候明显比之前更热情了。

他把这道菜放到了当年摘得米其林三星的新荣记新源南路店，"到今天为止可能也是最贵的蛋炒饭"。这道菜也符合他的风格，"做精，做专，做讲究"，"没有特定的拿手功夫，能把每一季食材都做成拿手的就是好功夫"。

荣叔饭局的高潮，是张勇从主人的位置上起身，走到大厅里的开放厨房，代替主厨给客人们做一道"酸菜干巴菌炒饵丝"。

这是他在昆明的菜场上得到的灵感，把饵丝、云南的酸菜，搭配上干巴菌放在一起炒。结果，酸菜不仅没有把干巴菌的香味压下去，还和菌香有了呼应。这也是利用当季食材，别出心裁地做出食物。

然后，他把酸菜干巴菌炒饵丝盛在小碗里分给客人，盯着你吃完，问：怎么样？

"家里的味道，是不需要大厨的"[1]

李翔：我记得这家店[2]开始时是按照荣小馆[3]装修的，是吗？

张勇：不是按照荣小馆。我们这个店是小海鲜酒馆，为什么叫荣季·95？因为我们是1995年开的第一家小排档。当时开的排档是做宵夜的，厨师晚上都要做到三四点钟，眼睛肿肿的，第二天还要上班。我想把当时这种对食材的要求继承过来。还有，这里也不能照新荣记一样做，我要完全自己重新再做一个。我每年会做一个品牌或者店，自己练练手，不能生疏掉。

李翔：这种新的尝试每年都会考虑吗？

张勇：也没有，就是随缘。我们开店，我觉得有点佛系

---

① 下面的访问主要在张勇新做的品牌荣季·95完成，时间是2021年7月末。
② 指荣季·95。
③ 新荣记旗下的一个平价品牌。

的，是随缘，不是每年计划开多少家店，做多少个品牌。

比如我们做湖南菜的品牌芙蓉无双，做它是因为我自己挺喜欢吃辣，也喜欢做湖南菜。但是湖南菜给人感觉一直是小炒肉、剁椒鱼头、火爆腰花，人均几十，不到一百块。我觉得湖南菜也可以做得高级一点，不是几道菜上来加一锅饭就可以。也没有特别的，当时有这个想法，刚好威斯汀酒店出租餐厅地方给我们。对面是新荣记，你不能再开一个新荣记吧？所以就把湖南菜做起来，做了一个芙蓉无双品牌①。

李翔：比如像这个地方，针对华贸的人群，为什么不开一家荣小馆，而开了一个新的品牌荣季·95？②

张勇：荣小馆现在在北京开了五家，在全国各地也开了十几家，我个人觉得它的模式虽然以后可以走得远一点，比如可以再开个几十家，但现在还是有很多的问题。我三四年没去管这个品牌了。所以我就想在华贸这里做这么一个店，对它形成一个冲击。

---

① 芙蓉无双位于北京金融街的威斯汀酒店一层。邻近的金融街洲际酒店则有一家新荣记米其林一星餐厅。
② 华贸写字楼位于北京东三环和东四环之间的 CBD 区域，旁边就是知名的 SKP 商场，以及丽思卡尔顿和万豪两家酒店，新荣记旗下的米其林二星餐厅京季就在丽思卡尔顿酒店的二层。在不远处同样位于东三环附近的北京银泰中心，则有一家新荣记米其林一星餐厅。

李翔： 是内部竞争吗？

张勇： 不是。第一，我要做一个环境，不是说定位①便宜一点，我环境就不讲究，定位不高，也可以好一点。

第二我在做一个改革，厨房里面用家用的灶来做菜。家用灶有什么好呢？首先它对厨师的要求没有那么高，只要会做菜的阿姨都可以做，而不是说一定要大厨来做；其次用家用灶，可以一个人看两个锅、三个锅，而不是一个个"大炮台"②在那边。家用灶不代表我做出来的东西就不好。但是我说的东西，你不做出来，团队不一定认可。

所以我就把厨房改了，现在发现还真的是没问题，我们原有的菜，甚至更高级一点的菜，还是能够用家用灶来做。所以你看我下面没有什么大厨，有经验的就一个厨师长。然后虽然也有菜单，但是我希望用明档点菜的形式。明档点菜是台州的一个特色，不能有菜单，舟山、台州、宁波，都习惯明档点菜。

李翔： 明档点菜就是看着食材点？

张勇： 对。我就把这种形式在这个店做一个尝试。

李翔： 这个店它也没有那么依赖主厨了？

张勇： 没有依赖主厨，我现在这边都是学生和年轻人。虽

---

① 指价格。
② 指餐厅专用灶台，因为形状酷似古代的炮台，也被称为"炮台灶"。

然开始的时候服务有点乱，但是我觉得我能调，调一两个月，肯定没问题。所以就是希望用普通人做出一个有意思的餐厅。

李翔： 平凡人做非凡事的感觉。

张勇： 对，我们一直说平凡人做非凡事——我们也不是非凡事。（笑）

李翔： 这个餐厅是您自己要带的？

张勇： 对，我就玩玩。（笑）我会给一些要求。最关键的是，这里可以作为一个研发的小店。然后我们的厨师，平时不是晚上吃宵夜吗？没地方去，要么麻辣烫，要么涮羊肉，那我想他们带点食材来这里，自己在这里碰撞，也挺好。

李翔： 您刚才讲家用灶，为什么要用家用灶？这个店其实也可以用新荣记那种大灶，是吗？

张勇： 对，可以用。

李翔： 但是您选用家用灶，原因是什么？

张勇： 就是我不想用太多大厨。荣小馆如果想要发展，不可能每个店都有很多的大厨，得有一帮普通人。我还原一下，我们以前在台州最好吃的店，全部是一帮阿姨做出来的。

李翔： 真的？

张勇： 嗯。不是名厨。但是要食材好。我一直想，所谓的小酒馆，就是去把家里的味道做出来。家里的味道，是不需要大厨的。

李翔： 不需要大厨也能把菜做好，关键是什么？

张勇： 就是我能做出来的。

李翔： 就是"我能做出来的，你也能做出来"？

张勇： 我不是厨师，但是我觉得我能做出一桌好菜。普通人也能做出一桌好菜。因为我在家里也会宴请一些好朋友，宴请他们的时候，我刻意地不要服务员，也不要厨师。只要他们帮我配好菜，我自己做，也可以做得让每个客人都有惊喜。我能做这个菜，阿姨就能做。因为我家里就是家用厨房，没有什么名贵的、特别高级的设备。

李翔： 而且还有那种很家常的感觉。

张勇： 对，我对荣小馆的定位就是家常不寻常，这是我们一直的理念。家常不寻常。

李翔： 荣记·95 也是家常不寻常？

张勇： 就是要家常不寻常。现在新荣记可能大家觉得贵，但实际上我们做的就是家常菜，只不过把家常菜做得再往上提，食材不一样，整个制作的节点、细节更讲究一些。我希望一个餐厅你不是一年来几次，可以一个星期来三次四次，也不会感觉到腻。

京季那家店会在食材的呈现方式上面更加考究一点。这里没关系，几百块人均，大家来也没有压力。然后可以喝个小酒。

李翔：我刚才听您的意思，这家店在整个公司里面还有一个定位，就是要去做菜品的创新，是吗？

张勇：对。

李翔：就是比如说新荣记、京季的人，他们都可以过来。

张勇：晚上他们可以过来，自己家的厨师团队，比如他下班之后要吃个宵夜，可以带食材来这里，在下面厨房自己做。那店与店之间、品牌与品牌之间，也可以碰撞。

"敲打自己，也敲打团队"

李翔： 做荣记·95 的想法是从什么时候开始有的？是灵光一现，还是经过规划的？

张勇： 真的是灵光一现。当时这个店是让我们开荣小馆的，门口的广告牌都是荣小馆，后来我把它改了。突然之间觉得，我想做一个不一样的荣小馆，定位在新荣记和荣小馆之间。

荣小馆的定位是 150 块的人均。实际上 150 块在北京，你吃不到什么海鲜。我觉得应该往上，而且从商业角度来说的话，餐饮业人均 100 块左右是一个红海。如果能到人均 300 块，刚好是一个蓝海。所以我希望能够比荣小馆上一个档次，但是不要很贵，我觉得 300 就够了。这个群体在北京还是很多的，但不是各个都去新荣记，那还是有点压力的，对大家来说。

李翔： 其实很多是只有请客才去新荣记。

张勇： 对，请客才去。但比如你到一个人均只有几百块的荣小馆，也可以有好的环境，味道也很不错，那这个空间还是很大的。

李翔：所以荣记·95相当于是荣小馆的一个升级版本的试点？

张勇：对。

李翔：它会把它的东西输出到荣小馆里面吗？

张勇：我觉得是影响吧。我老是说他们这个不好那个不好……我觉得是隔山打牛吧。一个这样的店，我觉得能做，我就自己弄。

李翔：说话不管用，还得自己干啊。（笑）

张勇：他们会有一种惯性思维，觉得荣小馆就应该这样。

李翔：而且做得也挺好。

张勇：嗯。我这一年多经常会对荣小馆提一些不同的想法，但他们还是扭转不过来。我打一个样板出来，对它就有意义。公司内部也需要这么一个竞争。

李翔：华贸这个店的位置也是疫情前拿的吗？

张勇：是去年①谈下来的。整个筹划都是我自己在做，我们现在的菜啊，服务啊，不好，肯定的。我们的菜还在调整。

---

① 指2020年。

但是我有信心，再过一段时间，肯定到另外一个层次。每个月都会到另外一个层次。

李翔：您多久会来一次这家店？

张勇：我在北京，就会在这家店多一点。这段时间不多，从它试营业到现在，因为我总跑来跑去的，所以不多。但我接下来会在这个店多一点时间。

也不是说我关注这家店，而是因为我很多的灵感，还是一定要在店里找出来。现在我在北京的其他店生意都已经上轨道了，都很不错。我在店里面这个改那个改，对他们来说也有压力，所以我干脆在一个新的地方来弄。大概是这么一个想法。

李翔：每次自己想折腾的时候，只能开个新店。（笑）

张勇：比如我做湖南菜的时候，大家觉得，湖南菜你怎么可能做得那么贵呢，但是我现在慢慢玩出来了，口碑也越来越好。

实际上，湖南菜对新荣记也是有帮助的。比如它的一些调味方式，这些东西你可以从那边找到灵感。不是说把它的小沙肉学会，而是找到有些可以转化的地方，像一些好的辣椒，新荣记也可以用。我做京季的时候，也是从无到有，而且我就是用新荣记最普通的团队在做。

李翔：最普通的团队？

张勇：最普通的团队，开始会有一个厨师长来，现在全部都是一些年轻人在做，做得比新荣记还贵。所以新荣记他们也有压力。这个压力是好的，是良性的。不要觉得自己很牛，没这么牛。我就是不停地敲打，敲打自己，也敲打团队。

品牌和连锁品牌

李翔： 像京季、芙蓉无双这些品牌，会像新荣记那样在不同的城市开几家店吗？

张勇： 我觉得是这样，我是做一个品牌，不是做一个连锁品牌。我哪怕就一个店，够了，也可以，不需要年年开。到时候瓜熟蒂落，水到渠成，真的团队成熟了，有好的地方了，战略上可以做，那就做一下。

像荣记·95 这种店，我这里开一家，今年可能在上海会开一家。上海开了我就停了，这个品牌就不发展新店了。以后我这些老员工，不是要做老板嘛，能力够的，你就去开。我给你们开，你们大股东，我小股东，都没问题——你们也不要想那么多了。之后比如你是青岛的，你是哪个地方的，你回去开一个店，我整个模式都理好了，你去做老板。这就是我给团队打个样板。这个品牌是我的，其他的股份啊什么的都没问题。

新荣记是我的主品牌，我不能玩得太过，可以有激励，但是不可能这么做，万一开倒了不得了。荣记·95 这个品牌，我觉得没问题。

李翔： 就是说今年在上海也会开一家荣记·95？

张勇： 对的。上海有一栋楼，我会把我的一些品牌都放进去，策划成一个品牌楼，包括京季、荣记·95，还有我的荣家火锅。我还想开一个意大利餐的店，我会开意大利餐、日餐。明年 ① 还可能会在日本开一家店。我想中餐要真的走下来，必须国际化。

李翔： 那栋楼已经拿了吗？

张勇： 拿了，是一个朋友的。

李翔： 它会在什么时候落地？

张勇： 明年年初吧，做一个品牌楼。

李翔： 在哪儿？

张勇： 外滩。它的地段很不错，但是它的条件，包括交通、停车，都不是很优越。我想，关键在于能不能让大家从周边走过来到这边吃饭，目的性消费。对我们来说，不是规模、速度，就是品牌，我也没什么速度，没什么规模。

李翔： 我跟陈可辛导演聊天，他老讲一句话，陈可辛这个名字的重要性、这个品牌的重要性要远远重于我赚多少钱。我就想起您也喜欢这样讲，品牌的重要性远远重过赚多少钱。

———————————————

① 指 2022 年。

张勇：这个确实。如果你的能力也好、模式也好，真的是做不到，那你就别刻意说我一定要多大多大。所以留个品牌也好。但是我们该给团队的利益还是要给，不是我一个人吃饱，不给他们，也不行。

李翔：但是这一年多在北京开店，我感觉还是开得……

张勇：有点猛？

李翔：而且因为有疫情，当然其他人会受影响，会慢一些。

张勇：这几个项目都是疫情之前谈的。

李翔：包括京季和芙蓉无双？

张勇：都是疫情前谈的。那你没办法，必须得开了这两个店。

李翔：大家感觉一下子开了两个新品牌。

张勇：对，所以大家说你逆势，实际上我是疫情前定了的，那得开吧，租金也得付，工资也得付。

所有新荣记集团的品牌里，新荣记永远是我的航空母舰，其他都是护卫舰。其他的可以"打折"，新荣记不能"打折"，其他的就是为了保护新荣记。比如我开这个小店，我就是为新荣记做了研发，这个小店赚不赚钱不是最重要的。但是你做好了，它不可能亏钱。

李翔：您开过亏钱的餐厅吗？（笑）

张勇：好像没有。我做其他的做不好，开餐厅好像还真的都比较顺。（笑）

李翔：这两年在其他城市也有像北京这样开这么多店吗？

张勇：没有，其他城市基本都是新荣记、荣府宴，还有荣小馆，没有开这么多。这个还是自己在做的，自己在哪里多一点，就会关注哪里多一点。但是以后假如各种条件都成熟了，也可以去开。比如深圳的湖南人多，那你完全可以在深圳开个芙蓉无双。但真的要团队都准备好了才行。

"场面上的事情"

李翔：上次吃饭提到您还在录一个综艺？综艺节目录得怎么样？

张勇：上午还在录，不能算综艺，是一个节目叫《主厨的荣耀》。

李翔：还没有录完吗？

张勇：这个月搞好。我终于发现做戏子比做厨子难多了。

李翔：真人秀的核心在于秀，其实。

张勇：对，我觉得这个不是我干的活。

李翔：这个节目类似于选秀比赛？

张勇：对。

李翔：里面有你们的厨师吗？

张勇：大部分是西餐的，只有一个是中餐的，还是做民间的江湖菜，其他全部是西餐的。

李翔：都是年轻厨师？

张勇：年轻厨师。但参加了之后觉得对我们还是有很多启发，不是说都是辛苦帮忙。

李翔：您去做节目，看到那些年轻的厨师，他们的状态是什么样的？

张勇：很好，他们有激情，要表演，要表现。我觉得现在还是要有一些年轻人出来。我们餐厅里面也是。

李翔：您提到会有启发，他们会给您什么启发？

张勇：他们做西餐的思维，还有一些创意，因为我们跟西餐不同。

李翔：您之前参加得也很少吧？

张勇：很少。反正我就是这种性格……等这个餐厅调好了，我们叫几个朋友过来再试试。

李翔：餐厅的试营业是一个什么概念，一般会延续多久？

张勇：试营业是这样的，内部磨炼还不够的时候，模式还没好的时候，就少开一点时间，先试试水。等它所有的运营都顺畅的时候，再正式营业。这个餐厅现在还没有正式开。我希望能够在 10 月 1 日，刚好是新荣记的 26 周年，正式开。还有两个月，我估计基本能打磨好。

一万道菜和寻访小店

李翔： 您现在的时间分配在台州那边还是很多吗？

张勇： 其实很少了，现在我们自己还有一个企业大学，开会、培训的时候，会回去一下，平时就不多。我待在北京也习惯了。

李翔： 这个店里的菜都是以前你们在台州吃的吗？

张勇： 这些都是台州的菜。你想想看，我们开了 26 年了，最起码有一万道菜。现在一个餐厅里面只要 80 道到 100 道菜就够了。那我一些好的东西……所以我开这个店首先不是创新，是拾遗，把好的东西，尤其扔掉的好的东西，现在捡回来。

李翔： 这一万道菜的菜单都保留着吗？

张勇： 电脑里面都有。电脑里面有两万多道菜。实际上有些是同一个菜，名字叫得不一样。我把它剪掉，变成一道菜，八千到一万道菜还是有的。这些菜以前在店里卖得很好，可能有些不适合了，有些还是适合的。我只要在里面挑 1%，就是

100 道菜。而且有些我还可以根据现在的情况去调一调。

李翔：《荣叔拾味》那个纪录片，您多久出去拍一次？

张勇：《荣叔拾味》就是我带了团队去全中国、全世界找好食材，然后发掘好的民间味道，希望以后能给我的客户讲出一个故事，就是我的食材是怎么回事。慢慢外面的同行，甚至有些美食爱好者都会关注。

我是根据自己每年的行程，可能看一些好的食材，会研发一些菜，然后去看店，比如一些小店。我蛮感兴趣的，是蛮有意思的事情。

我们现在也请不起特别好的团队，就自己组了一个团队，慢慢拍吧。真实一点就可以，别装，把我们真正想说的东西呈现出来，这个才能打动客人。

李翔：它最后会出一个长的纪录片吗，还是就是现在的短片？

张勇：就是一些连续剧，不会把它拍成一个大片。

李翔：它是从什么时候开始做的？

张勇：去年开始的。但去年拍得不好，今年慢慢大家找到了感觉。我们没有导演，没有制片人，就几个人拍，我就告诉他们，我想怎么样怎么样。

李翔：那些小餐厅您都是从哪儿找的？比如我看您的朋友圈，有时候会写，您会到四川或者什么地方专门去吃一些小的餐厅。

张勇：从开餐厅开始，我就这样去找。我喜欢。一空下来我就跑到哪里去吃。比如说到长沙，周边哪些好的餐厅，到四川哪些好的餐厅，我基本上都知道。不一定是最顶尖的，但是我觉得好的餐厅，一定不会差，这个还是有自信的。

李翔：也可以编一个类似的指南。

张勇：以后我把吃过的这些餐厅推荐给我们的客户也很好啊，我们也不要赚这个钱。比如你到了一个地方，可能会有很多朋友招呼你，但是你去可能就一天两天，朋友肯定会用最好的店、最贵的店招呼你，有些民间的东西，他觉得招呼你不好意思，但可能会是你喜欢的。所以我就把这些东西记录下来。

李翔：它可以变成一个新荣记美食指南，一个美食攻略。

张勇：对。我举个例子给你。有一次我在长沙遇到一个很好吃的小店，就发了一个微信朋友圈。有一个朋友，是我商学院的一个同学，也是个大老板，说自己刚好在长沙出差，就叫了一个车跑过来这里，一定要跟我吃一顿。然后我发在朋友圈里面，大家就都特地到这里，一定要到这里吃一顿。因为他们知道我不会乱说。这种我觉得挺好的，是蛮有意思的事情。

五十知天命

李翔：新荣记的生日是 10 月 1 日？

张勇：对，1995 年 10 月 1 日。当时开店的时候，也是凑巧。我们那时候请了人来选日子，他选了 10 月 1 日。那时候叫新荣记海鲜排档，而且在地下室。

李翔：排档不都是路边的吗？也可以在地下室？

张勇：排档这个名字最初的来由就是开在露天。马路边，这个叫档，就是露天档；排就是把菜都摆出来，没有菜单，你自己看中什么就点什么。这就是排档，在台州还有广东各地都有。后来就变成了不是露天，但它的形式可能会按排档这样做。

李翔：您在开新荣记之前，也就是 1995 年之前，在做什么？

张勇：做小生意。

李翔：比如呢？

张勇：开汽配店啊之类的，什么生意都做。做了不少生意，但是最后发现做什么都亏。我的命就是开餐馆，我就是厨子的命。

现在是互联网时代，基本上互联网以前，大家做过的生意我全做过。

李翔：互联网做过吗？

张勇：没有，互联网不懂。我们那个时代做的生意，基本上全做过。人还得认命。

一路下来之后，你说心灰意冷也好，觉得还是开饭馆好。反而你最不看好的餐馆，它是往上走的。

但是过程里我没有停止对餐馆的投入，因为那时候就喜欢。我喜欢琢磨菜。到任何地方的时候，总归不会忘记美食，有一些好的想法回去就做，反而无心插柳柳成荫。

这个时候觉得我得认命。高人四十知天命，我们愚钝一点，但是五十岁总该知天命——我还是开饭馆。所以现在基本上其他所有的生意都不会做了，就是安安心心地把自己的本行生意做好就可以了。

李翔：之前您是投资还是真的下场去做？

张勇：我自己去做。

李翔：本来有一个工业大亨的梦想。（笑）

张勇：那时候是听风就是风，见雨就是雨，谁说什么生意好你就往那里钻，实际根本没有这个能力，最起码的判断能力、专业能力都不够的时候，你去做……餐馆我做这么多年，基本上有判断能力，这个好不好做，它有没有机会；其他行业根本没有。

李翔： 相当于您确定了这辈子就做餐饮了，也是很久之后的事情。

张勇： 确定也就是差不多 50 岁的时候。我今年 53 岁，1968 年的。然后基本上其他的就不玩了。

李翔： 这么晚近的事情。如果是这样的话，其实还有点凡尔赛——之前做了一堆事情，但是新荣记也没有耽误。不过这个心路历程很动人。

张勇： 对啊。但是我对品牌、品质，不管多少家店，我一直很关注。我不会说，我做其他生意的时候，我对餐饮就不看重，我还是蛮关注的。投入的精力的确分散，没想过这个品牌怎么去发展，但是它原有的店，每个店我也会很关注。

"你可以卖贵一点，但不能骗客人"

李翔：1995 年决定开那个海鲜小排档就是因为自己喜欢吃吗？

张勇：对，是我喜欢吃。我那时候朋友也多，基本都会带他们去这种小店。那时候没有自己的店，一年也招待不少。然后刚好有这么一个机会，我一个朋友是做企业的，他说你这么喜欢吃，也经常带我吃，要么你开个饭馆好了。然后开玩笑说，以后你做生意，没饭吃的时候，还有个地方可以吃饭。就真的是这么一个情况。没想到开店、开连锁，没有这个概念。

李翔：我看到网上有文章说，您当时经常去温州吃一家店。

张勇：我祖籍是温州瑞安。在我们那个年代，台州菜就不叫菜。浙江有很多菜系，出名的有杭帮菜、宁波菜，还有一个温州瓯江菜系，也叫瓯菜，是全浙江最好的，不是做得好，而是它的原料好。温州人有钱嘛，用的原料全部特别好。所以那时候要吃真正的美食，我们都跑到温州去。那时候还没有养殖的东西，都是野生的。最出名的一个店叫作阿外楼，现在还在，不过已经变成做婚宴的了。它只做婚宴，一年一家店还能做到五个亿。

这个店开始的时候，我印象很深，6、7、8三个月不开业，为什么？没空调，太热了。就摆在马路边，所有的东西都摆出来，连个炸鱼排的油锅都放在外面，所有海鲜都放在外面。我们去吃的时候觉得，还有这么好吃的餐厅？！后来我专门包一个出租车过去吃，可以兴奋得一两个晚上不睡觉，就是这么好吃。

李翔：从台州过去要多久？

张勇：那时候要四个小时，一趟就四个小时，出租车来回等于要八个小时，就是为了吃一餐饭。

包括台州我家里的县城不出海鲜，海鲜在隔壁的县城。那时候没有什么菜系，但是有海鲜，我们也经常包一辆车，去那边吃海鲜。

李翔：不出海鲜是因为不临海？

张勇：我家里那个县城叫临海，但真的不临海。临海不临海，它刚好在山与海的中间。台州一边靠海，所以有几个县城都是靠海的，三门、椒江、路桥、温岭、玉环，但是临海不靠海，在中间。而像天台、仙居就靠山，是这么一个格局。

李翔：当时您的本职工作是做什么？

张勇：我 1987 年进了银行工作。

李翔：一家国有商业银行？

张勇：台州建设银行。高考没考上，就考到银行里面。银行工作四年，我待不住，后来就出来了。出来之后做点小生意。在做小生意的过程里，还是觉得自己最喜欢美食。

李翔：您从什么时候开始发现自己对美食有天赋的？无论是作为一个美食家，还是作为一个自己做菜的人。

张勇：觉得有天赋，就是好吃这一块，我觉得自己很敏感。我们开第一家店的时候，什么管理、经营、店铺都不懂，但我就是对食材要求很高。我那时候也没有品牌的概念，就觉得不能欺骗。你可以卖贵一点，但不能骗客人，不能把不好的东西给客人。那时候就是做我自己吃的菜，来的都是朋友。所以从第一家店这就是我们的基因。

欣欣向荣的荣

李翔：新荣记这个名字，荣是勇的谐音？

张勇：对。我那时候经常去广州，因为我当时做汽配生意，得到广州进货。我在广州吃过名店，也喜欢吃广州的小店、排档，我觉得很好吃。

广东不是叫什么记什么记吗？我们浙江没有这个词，我就想开一个"勇记"。但又觉得勇记俗了点，台州话"勇"和"荣"差不多，就想到比如叫"荣记"。"荣记"又觉得好像单薄了一点，然后就觉得不是欣欣向荣吗，就叫"新荣记"，有点欣欣向荣的意思，又有一个新的感觉。这个名字那时候是这么来的。

李翔：当时新荣记有定位吗？

张勇：没有，但我们是当地最贵的大排档。

李翔：多贵？客单价要多少？

张勇：我一开出来就贵，大概要一百多块一个人。1995 年一百多块很厉害了，一般都是五六十块人均，那时候就是两三百块可以吃一桌菜。我们就是一百多块人均，大家已经觉得我们特别贵了，而且环境又不好。但是就很火。也就是食材好，味道好。

李翔：当时厨师就是您带着一帮阿姨吗？

张勇：当时是这样的。一开始的时候我是请了温州的厨师，但他做了几个月就不做了。不做之后没办法，我找了几个本地的小厨师，然后请了广东大排档的六个师傅。我请不起比如说大饭店的厨师，大排档的厨师我请过来，也很贵，那时候我记得人均工资就要八九千，我请了六个，连杀蛇的人都有。当时我卖蛇，一个招牌菜"椒盐水蛇"卖火了。为什么连杀蛇的人都有？因为这道菜要现杀现炸。大家来我这里，可以打个的来回几小时，就是为了吃这一道菜。

李翔：所以椒盐水蛇就是最早的招牌了。

张勇：两个人要吃最少四斤。现在不能卖蛇了，当时这道菜是火得不得了。一道菜就出名。

李翔：这个菜的灵感来自哪里？

张勇：这个不是我创的，是我在广东的时候，在一家小店吃到，我就惊为天物，居然有这么好吃的东西。然后我就想方设法找到他的人，把整班人找过来。不是我创的。

李翔：但这个食材是台州当地也有的吗？

张勇：食材开始是广东的，后来我们找到渠道以后，发现浙江也有，就在当地找这个食材。

李翔：挺好玩的。

张勇：对。现在有时候开会也会跟他们说这个事情，咱们一路走下来，到底哪些是做得对的，哪些是踩过的坑。

那个时候做餐厅真的是啥都不懂，所以说这个店①，也是我想再做一遍，重新以现在的角度再来一遍，从现在的视角再把第一家店做一遍。

李翔：从现在的视角看，这家店会有什么不一样吗？

张勇：现在不一样，以前不可能开个餐厅对酒水这么重视，大家就喝个啤酒。

李翔：当时就是啤酒吧？

张勇：啤酒多，连红酒的概念都没有。当时茅台很便宜，便宜得不得了。（笑）

---

① 指荣季·95。

"客气不客气，请吃新荣记"

李翔：为什么第一家店就让大家感觉贵呢？

张勇：因为你食材什么都要好，价格就上去了。也不是我那时候想到定位要多少钱，根本没想过，我就是这个要好一点，那个要好一点，价格自然高起来了。看到好的食材，我也想卖一点。当然那个时候我们还不卖现在的鲍鱼之类的。第二家店的时候，广东流行鲍鱼、鱼翅，我就开始卖鱼翅。那时候还没有辽参。

李翔：我看您之前的演讲说，新荣记当时引领了台州的餐饮，虽然很贵。

张勇：那时候台州民间流行一句话，不是我说的，所有台州人都讲，"客气不客气，请吃新荣记"。客不客气，看你请客是不是在新荣记。比如李翔你来台州了，我是不是当你是贵宾，就看我是不是请你到新荣记吃饭。所以我开了店之后，应该说这么多年是引领台州餐饮的。

李翔：现在还这么说吗？

张勇：肯定了，现在还是。可能不会再说得这么俗了，但现在请你到新荣记就应该是最高的礼遇。如果外地的客人来，不请吃一下新荣记，外地客人都觉得心里不舒服。因为我们现在有一点小名气了。客人会想，我到台州，新荣记总店在这里，你都不请我去？

李翔：你们是第一家店一开在台州就火了？

张勇：对，我们基本开一家火一家。

李翔：开一家火一家，还是因为食物本身？

张勇：食物本身。那时候我们去其他县城干，大家还是有地盘主义的。比如我是这个县的开到你那个县，你心里还是有点抵触。不是你有品牌我就认你的，都带着地头的概念，但是最终都被接受了。

李翔：你们进北京有没有遇到地头主义？

张勇：大城市不一样，小城市难，越小越难开饭馆。北京餐饮是最底层的生意，大家很简单，你好就来，你不好就不来，不会有什么。我开在北京的时候，也没有人脉啊，关系啊这些，就天天琢磨怎么把我的菜做好。所以开店头三个月，每天晚上不管多么晚，大家都会开会，哪些菜做得不好，哪些服务做得不好，天天开，这三个月没有一天停下来。

李翔： 相当于每天晚上复盘。

张勇： 每天这样。那时候我们因为是第一次来北京，就把最强的厨房团队都派上，基本上没有人说菜不好吃。口碑是这么做的。你开在一个地下室里面，又没关系，又卖得这么贵，就靠食材和菜。那时候北京的餐厅，说实话，对食材真没那么讲究。而我们对食材从第一家店就这样，一直秉承这个理念，所以大家都觉得食材好，味道不错。

李翔： 是 2012 年第一次到北京的吧？

张勇： 2012 年。

李翔： 当时北京的餐饮圈是什么反应？您混餐饮圈吗？当时不混？

张勇： 不是不混，我的性格属于不愿意去混圈子的那种。他们开始的时候没在意，名气出来了之后，慢慢同行过来这边吃饭的越来越多，有些就认识了，是这样的过程。

从台州到日本

李翔：新荣记是什么时候走出台州这个地界的？

张勇：我是 1995 年开的第一家店，第一次走出台州是在
2002 年。浙江省政府的招待所叫之江饭店，之江饭店的门口有
一个小店，老总找到我，想让我给这家店派几个厨师。

他原来大概每天就做两三千块钱流水，一个月大概做
七八万。我去了之后，第一个月就给他做了二十四万。他觉得
不可思议，说是不是门口放一个关公的原因，（笑）于是说这个
店要承包给我，我就承包了这个小店。当时环境破得不得了，
但我做得风生水起，每天旺得不得了，一直做了八年。

在这个过程中，我觉得杭州的生意好做，潜意识里就在杭
州找地方。但是很奇怪，可能因为我没有品牌，也没有关系，
永远找不到地方。

到 2006 年的时候，在杭州的杨公堤，植物园的花圃里面，
有一个二手承包商把整个花圃所有地方都租了。租了以后，他
要转租，因为当时他没钱，就托人找到我们，说我可以租给
你，原价拿过去加一点点钱，但是你必须一次性付我七年的房

租。我记得我付了四百八十万还是五百万，一次性付的。

这个地方是没有车可以进去的，你要走进去，大概要走一两百米。以前是一个茶馆，除了游客就是鸟，没有客人。但是我很喜欢这个地方，心想不行就自己吃吧。所以我就进行了改造，做了八个房间，一个不靠湖，七个靠湖。这个餐厅是杭州到现在为止最贵的，也是生意最好的。我那时候在杭州的口碑，就是这个店打出来的[①]。

2007年开了这家店，火了之后，上海刚好有一个精品酒店，叫贝轩，就是贝聿铭的祖宅，IDG资本投资的，餐饮就在旁边的一楼，做得不好，要承包出去。然后我投了很少的钱，大概花了一百五十万到两百万改造了一下，然后给酒店营业额提成，结果给做起来了。

李翔：这就从杭州到了上海。

张勇：在上海做起来了。我2010年就进了上海，当年在淮海路的上海广场开了第一个商场店"新荣记"。那个商场是中低端的商场，一直都是五十块、八十块的消费，我进去就是六七百块人均，给做起来了。上海第一次评米其林的时候，我不知道，但居然给我评了一颗星[②]。

---

① 指新荣记杭州花圃店。
② 指2016年9月米其林第一次发布上海的《米其林指南》，新荣记上海广场店被评选为米其林一星餐厅。

2010年上海开出来，我心里有一个想法，我一定要在北京开一家店，才能说自己是中国的品牌。所以我在北京整整找了两年多的时间，我没有什么关系，又没有品牌——你上海开，人家不认你，但同时我在台州的规模有点上来了，有几个大店——我找来找去，两年之间最起码看了三五十个地方，经常就早上飞机过来看，晚上再飞回去。最后就是金融街那个店，地下室①，所有人都不看好，但是我就想我开第一家店都是地下室。所以我在北京从地下室开始。那时候金融街还不旺，一到节假日都没有人的。

李翔：对，金融街当时主要还是大家去上班的地方。

张勇：我们那时候说节假日拿机关枪扫不死人的，因为没有人。我们进去，平时生意很火爆，但很明显一到节假日就没有什么生意。所以是2012年进北京，之后一直慢慢在做。

香港我是2018年进的。不是我说我要开，我完全没有到香港的计划，因为香港餐饮竞争太厉害了，是中餐的巅峰，我不敢去。当时是一个朋友租好了一个地方，又不想要了，我就接手了。

香港我当时主要想研究粤菜，于是就开了。

——————————

① 新荣记在北京的第一家店开在北京西城区金融街洲际酒店的地下一层。

结果这家店给我做起来了。现在在香港餐饮界里面，他们叫我们"新富豪饭堂"，已经盖过了"福临门"①，真的口碑啊，生意啊，都非常好。

现在到了日本，我是很想开。

李翔：地方已经谈下来了吗？

张勇：谈下来了。这几天会签合同。

李翔：在哪儿？东京吗？

张勇：东京，赤坂②。到日本不是证明我有多厉害，第一个是我要过去学习，我觉得中餐应该向日餐学习。第二个如果我在日本能活下来，也算是对品牌的一个加持。再说咱们老的时候在日本有一个店，吃吃喝喝也蛮舒服的。（笑）

但是这个地方我可能就开一家，不会开分店。

我想有些城市可能会开，但是就一家店，就做限量版的。除了北京、深圳、上海、杭州会慢慢开，其他地方我就开一家。

李翔：为什么呢？

张勇：我觉得像我们这个品牌，真的不能太多，有些城市

---

① 福临门是 1972 年在香港开业的一家高级粤菜餐厅，因为政商名流都喜欢去那里吃饭，它又被称为"富豪饭堂"。

② 赤坂是东京一处高级酒店和餐饮的聚集区。

做一家店就可以。以后不知道，这是我现在的想法。如果开就选我觉得最好的地方。我们自己的经营还是在北京、上海继续去做。

李翔： 香港那家店的位置是不是也没有那么黄金？

张勇： 香港最好的地方是中环，我是在湾仔。是那种香港人说的地铺 ①，一楼二楼，后面旁边环境都一般。不能说不好，一般，你跟高大上的比，没得比。但是这家店现在做起来，在香港还是极有影响的。

李翔： 以新荣记的品牌，为什么不选择"高举高打"的策略？现在在北京我理解是这样做的，比如要跟宝格丽、丽思卡尔顿开在一起。

张勇： 在香港我没品牌，没资格这样做。现在我们有这个资格了，也有人找我们，但我们就想守着一家老店。

我在香港还是搞得满城风雨的，因为我们卖得贵，尤其黄鱼卖得贵。上了当地报纸杂志的头条，不是好事，都是说我宰客。

李翔： "贵"是您坚持的吗？

---

① 指临街商铺。

张勇： 我觉得如果想要好的品质，它就不能便宜，一分货一分价。我还是追求好的品质，所以我贵是正常的。我觉得新荣记以后要越来越贵，等我卖便宜的时候就离死差不多了。但是我必须越做越好。你不能贵得没有道理，谁也不傻，都比我们聪明。所以我要越做越好，我要越卖越贵，这是我自己定的。

李翔： 在经济学里面会讲，如果你有定价权，说明你是非常有竞争优势的，就是你可以涨价，客人们还会跟随你。

张勇： 对，所谓品牌就是你有定价权。

黄鱼和排菜制

李翔：在之江饭店那个店不叫新荣记，是吗？

张勇：不叫，我们那个是小排档，在门口，而且它是之江饭店的，也不让你叫新荣记。那时候我的招牌菜一个是水蛇，一个是沙窝鱼头，这两道都是广东菜，不是黄鱼，黄鱼还没做起来。所以我的名字就叫"水蛇和鱼头"。

李翔：名字还挺可爱的。

张勇：怪怪的，因为不能起店名，所以我就叫"水蛇和鱼头"。

李翔：但是之后下一家店就是新荣记了？

张勇：对。真正的是这家会所 ① 在外面给我们奠定的品牌。

李翔：在杭州的新荣记的会所，跟你前面店的区别在什么地方？

张勇：比之前贵多了。因为我之前的定位还是不能太

---

① 指新荣记杭州花圃店。

贵。会所里面等于说就把贵的菜留下来，其他一些东西变成小菜，等于我们原先的招牌菜就变成小菜了。我那时候是突出黄鱼。

李翔：黄鱼相当于是那时候开始的？

张勇：是那时候在杭州打响的。2007 年。因为我要在杭州找一个像水蛇一样能一炮打响的菜品。我就在杭州四处去看。杭州有一家小店，黄鱼卖得很好，我去看的时候，觉得第一它的黄鱼不正宗，它的价格就决定了黄鱼不正宗；然后它的烧法，也没有用什么高汤来烧。我觉得我可以盖过它。所以我就把黄鱼在杭州作为一个招牌，打出来。

那时候我还看到一个现象，广州的炖汤越来越被大家接受，所以我把汤、黄鱼作为主打。其他以前的招牌菜，就变成小菜了，有十几道。

这时候因为我是预订制，大家过来之后，我要排菜。排菜制是我在这家店做的。因为我觉得你来点，我也没什么东西，你就告诉我最低消费好了。我那时候开始是五百块人均，后来到八百，再到一千二，然后越来越高，越来越高，就是这么做的。一个餐厅，八个房间，中午没生意，我们好的时候都是做四百多万一个月，每个房间都是几万块钱。

李翔：一个房间坐几个人？

张勇：那边人多，一个房间会有十个八个客人。那时候还是宴请为主。包括其他城市的人过来，请朋友吃饭，都到我们这边。

李翔：相当于您为这个店重新开发了一道菜，就是黄鱼。

张勇：对。还有我们排菜制的结构，都是从那里出来的。

李翔：排菜制准确地应该怎么讲？

张勇：就是你给我最低消费，我把菜排好。比如八百一个人，十个人八千块消费，我给你排菜。然后你告诉我哪些不喜欢的、忌口的，包括你喜欢哪个，前期我跟你沟通好，来了之后，我们就直接可以上菜，不用再菜单翻来翻去，你问这个有没有、那个有没有。我也不需要很多厚厚的菜单了。

李翔：黄鱼是什么地方的食材？

张勇：中国的南海、东海、黄海都有，但是东海海域的是最好的，往黄海、南海走，会越来越差，主要是水质的咸度和温度决定的。

香港也有黄鱼，叫黄花鱼，几百块钱一斤，而我在香港卖的黄鱼几千块钱一斤，一条鱼动辄过万，几万块。当地吃东星、苏眉、老鼠斑①都是活的，我的黄鱼还是冰鲜的，躺在那

_____

① 均为名贵的食用鱼。

边。开始时大家经常有意见，就是因为黄鱼这个事情。但是现在人来新荣记不吃黄鱼，就觉得好像没来过，所以来我们这里一定吃黄鱼。

李翔：您当时发现黄鱼这道菜，就是自己去各种小店去吃、去找吗？

张勇：黄鱼以前在台州有。

李翔：那时候台州的新荣记卖吗？

张勇：我们卖，卖得不好。有两个地方卖得好，一个是路桥，也就是李书福的家乡，有一个餐厅做红烧黄鱼，卖得好。我们厨师做不出浇头，那时候我们自己也不懂，反正你上黄鱼，人家就说你的黄鱼没有那家好吃，那我就卖得很少。

后来还有一个店出名的，在温岭的乡下，景区里面。我有一次跟他们去吃的时候，一看，这个村子里面的小店，放了几十条黄鱼，每条都是几斤重，我就震撼住了。然后我去看的时候，他有一个小房间，有一个柴灶——烧柴的，后面就不让你看了，是他家的大姐、阿姨在里面烧。

这个黄鱼烧得是真好吃，就是家烧的黄鱼。我吃了大概三四次，回来自己研究，就把这个黄鱼烧法给破解了。因为这道菜，我们台州店里的黄鱼一下子卖了起来。

所以我到杭州的时候，不是说没有，我已经有这道菜了，我的黄鱼已经上了，只不过我把这个抓手给抓了出来。

后来开到北京、上海、香港，黄鱼就变成了我们的招牌。所以我请阿一鲍鱼的杨贯一先生，九十五六岁的时候，给我写了一幅字，叫"黄鱼煮父"，煮饭的煮。

李翔： 第一次确定将黄鱼作为招牌菜，是 2007 年在杭州的新荣记吗？

张勇： 对，我们现在一定是卖黄鱼最多的。

李翔： 黄鱼应该算是新荣记卖起来的。

张勇： 对。

李翔： 当时杭州人对黄鱼也是接受的？

张勇： 接受。杭州人接受。杭州人、上海人还都是知道黄鱼是好东西的。到北京的时候有个过程。当时北京除了江浙人接受，本地人对黄鱼还是……但是后来大家接受这个味道，就起来了。北京不差消费能力。

李翔： 上海贝府的那家新荣记，招牌菜也是黄鱼吗？

张勇： 对。

李翔： 有点延续杭州的打法？

张勇： 有点延续。

选址的讲究

李翔：您开店选地方时的讲究是什么？比如您刚才讲上海商场是一个中低端的商场，但新荣记会开进来，包括北京第一家店也是地下室，新荣记开进来。

张勇：当时没有品牌，你没得选。

李翔：但是肯定也有讲究？

张勇：对，这个就是凭直觉。后来我在 2014 年开了银泰主席台这家店①。当时我就定了，不再进商场。就是我们跟商场不再谈，新荣记不再进商场开店。我就觉得五星级酒店跟我们气质比较匹配，所以 2014 年我们开店就这样了。

李翔：之前的店，已经开了的呢？

张勇：之前的，第一家上海的商场店我关掉了。它一直生意很好，房东易手都易了好几个，最后一个房东，我到期了，让我搬到另外一个楼层里面，我就不愿意去。我觉得第一商场

---

① 全称为新荣记主席台中餐厅，开在北京银泰中心 A 座 5 层。

档次也不够高，第二我要重新装修。然后，一颗星就一颗星[①]，我就不要了，就退出了。这是一个。其他我好像没有商场店。

李翔： 新荣记没有，但新荣记其他品牌是可以进的？

张勇： 其他品牌可以进，但是我们现在慢慢对商场这一块都很谨慎。我觉得我们不应该进商场，商场不是类似我们这种餐饮的气质，它适合连锁品牌复制。连锁品牌没有商场开不了那么多。

李翔： 对，跟着开就可以。

张勇： 我现在没关系，我慢慢来。现在荣小馆选位置也都是我定的，虽然我不管它内部管理，但位置一定是我定。店开不开，位置选哪里，是我定的。

李翔： 现在选址的标准上会有什么考虑？

张勇： 我会考虑得蛮多的。我选址还是前后花时间蛮多的，选址考虑的第一点是我们发展的需要，是不是要往这个地方开。

李翔： 就是地区、地域的选择？

张勇： 在这个地区，这个品牌适不适合发展，考虑品牌为主。第二品牌真的要进这个地方，具体这个地方是不是适合我

---

① 指新荣记这家店是米其林一星餐厅。

的调性，我会考虑很多。比如我们想开到青岛，但如果青岛这个地方不适合我的调性，我也就不开。我的概念就是，对我的品牌来说，我宁可错过，不要做错。我错过没关系，这又不是买地，但是别做错了。

李翔：比如具体在北京，我自己的感觉可能是东边会更重一点，是吗？

张勇：现在也是东边找我们多，比如你说北边啊，西边啊，没人找我们。没人找我们，我就不会刻意地去那里找地方。我现在真的不会刻意去哪里找。

李翔：新荣记开店基本都是别人找过来的？

张勇：对，我现在就很简单，绝对不会主动出击去找，我宁可别人给我，我选一下就可以。市场部都撤了。（笑）

李翔：什么时候撤的？

张勇：去年撤的。

李翔：不开商场店。然后还撤掉了市场部。

张勇：对，我现在就非常简单，一个助理对接一下，选好了告诉我，我再说这个地方我想不想开。基本就是我自己看。我又没有那么多店，而且我觉得这个事情也不能假手于人，还是得自己做。所以我们基本上没有市场部。谈合约是有一个团队。

李翔：以前市场部是多少人？

张勇：也不多。以前是这样，我有一个副总裁是管这个事的，但找我们的多了，我也烦。我现在是推着不开店。基本上隔几天就有人找我们。

李翔：对方找过来，您会有一个硬性的标准吗？比如附近得有一个五星级酒店，类似于这样的吗？

张勇：没有，我们自己会去看。比如这个地区、城市会不会进，比如找我的在青岛，那我要不要去，这个是要权衡的。北京有人找我的时候，这个区要不要进。还有，这个位置是不是适合我。然后再到它的面积、它的结构，这些都是会考虑的。

李翔：新荣记是不开大店的？

张勇：现在大店不适合开。我觉得餐饮这个行业不适合再开大店。除了有些地方租金很便宜，特别好，那是另外一回事。在一线城市里面，大店的租金成本高，人员费用高，很累。再有，店大了之后，有些出品保证不了，服务也保证不了。所以大店我们现在还是很少。

入北京

李翔：2012 年进北京的时候，您看了很多地方，为什么选中了洲际酒店的地下一层？

张勇：那时候第一是没有地方，但我特别想开，那只能将就。我没品牌，选不了好的地方。第二我也想，我就是从地下室开始的，那我再做个地下室店，把它做出来。当时大家认为这个地方没人要，怎么可能做高端餐饮呢？我想真要是能把它从地下室做起来，对自己来说也是一个很大的挑战。还有一个最关键的是，那时候金融街不是很旺，但我觉得那里一定是能做大饭店的。

李翔：那时候主要是很多金融机构在那附近吧？

张勇：对。我觉得这种地方一定是可以做起来的，可能需要时间，但是一定可以。当时是这么一个情况。

李翔：当时没有考虑东边吗？CBD 这边有很多公司。

张勇：没有地方。谈了几十个地方都是这样。因为那时候北京已经认品牌了，台州的品牌，只在杭州、上海开过，北京不认你的。首先问你在北京有没有品牌。而且我们又不像鼎泰丰这么有名^①，只是一个小会所，觉得大家还是对我们不认。

李翔：当时高端餐饮应该是顺峰之类吧我记得。

张勇：顺峰、净雅、湘鄂情、俏江南、金悦^②，一大堆，哪里轮得到我们啊？所以我们那时候就在地下室，窝在那边。

李翔：而且那家店是不小的。

张勇：大，三千多平方米。我那时候在台州也都是大店。而且那时候北京还没有八项规定，还是要吃大饭的。所以包厢得大，不是说你做小小的就可以。一桌都是十几个人。所以三千平，我就整个租下来了。

李翔：您之前说过，大餐厅拿星^③是不容易的。

张勇：对。

李翔：原因是什么？是服务照顾不过来吗？

张勇：对，你做一个大餐厅，这种节奏、细节的地方还是做不好。大餐厅细节的地方很难，尤其服务和环境的管理，还

---

① 鼎泰丰是从中国台湾起家的知名餐饮品牌，除了中国，在日本、美国、新加坡等也有多家餐厅。
② 均为当时的知名餐饮品牌。
③ 指米其林星级。

是跟小餐厅不一样。

李翔：但是您开的时候没想这个问题？

张勇：那时候哪想？没想。那时候是 2012 年，米其林还没来评星呢，米其林是 2016 年才进来中国内地的。那时候米其林我们听说过，但哪里敢想呢？没想。

2014 年北京银泰主席台店开的时候，我在我们公司内部的一本杂志上写了一篇文章，那时候我觉得中餐需要奢侈品牌，就希望我们能够成为这样的一个品牌。我就在内部写了。后来觉得叫奢侈品不合适，我就改了一下，要做品质中餐的民族品牌。所以现在我们的愿景是成为品质中餐的民族品牌，这是 2014 年提出的。

李翔：八项规定对新荣记有影响吗？

张勇：可能还是好事。旁边一些大鳄受到影响大一些。对我们来说还好，因为我没有相关的业务。它会影响一些高端餐饮，那一年特别厉害，影响很大。

李翔：我记得是 2012 年、2013 年。

张勇：我们那时候在台州店多，台州影响大一些，生意下来了。反而北京、上海影响不大。杭州影响也大也不大，因为杭州就八个房间。

李翔：当时你们整个营收在台州是最好的？

张勇：对，大部分都在台州。台州好的店那时候差不多一年能做一个亿。那一年整个断崖式地下降。

李翔：像您个人，包括整个新荣记，重心开始往北京、上海这样的城市转，也是从那个时候开始的吗？

张勇：对，2012年开到北京。以前我不想出来，我们在家里面也蛮舒服的，还是窝里拱。但是开了北京就要确保北京的店没问题，北京说你不好，不得了的，所以我就会重心往北京多一点。然后慢慢地，2014年又开了一家，之后重点就渐渐往外面走。是这样的。

李翔：北京的口碑是第一家店就起来了？

张勇：对，越来越火，越来越火。

李翔：银泰主席台店也是开了就火了吗？

张勇：对，以前那家店是柏悦酒店①的中餐厅。包括我们在日本，日本的一个房产商跟我谈了两年，现在谈的条件比一般的要便宜一半。日本人特别认品牌，你企业的品牌，还有对老板的尽调，跟查户口一样。日本人很认这个东西，不是说你有钱他就给你的，他们对这个东西看得特别重，比国内还厉害。

---

① 指位于北京银泰中心的北京银泰柏悦酒店。

香港新荣记

李翔：哪个城市最难打？就是进去会觉得比较难，或者遇到的反对最顽强？

张勇：香港，香港是最难的。

李翔：因为它是粤菜的重镇？

张勇：对。在香港，国内的中餐品牌很难生存。香港是粤菜独大的。粤菜一枝独大，在高端餐饮里面是没有任何人去挑战它的。客人有消费力，但是非常理性。所以香港做起来，对我们的信心还是有帮助的。

李翔：香港多久就算站住了？

张勇：香港大概三个月左右。

李翔：那么快？

张勇：我基本自己都在那里。

李翔：每天都在那里？

张勇：我每天都在店里。

李翔：由此可见那儿也是您最重视的。

张勇：对。我最重视的，一个是北京，一个是香港，除了台州以外，是我待的时间最多的。

李翔：当时三个月待在香港那个店里面，每天都做什么？

张勇：香港那个店开的时候，我供应链都没有的——就是我买菜的供应链。所以那时候海鲜供应商自己谈，干货自己谈，连买条咸鱼也要自己去看。所以第一，你要谈所有的供应链。第二是我们的菜，你不能把内地的菜搬过去，要给香港重新做一套东西。内地肯定会有大部分可以在香港用，但是在香港要跟着市场调整，还要看客人的反馈。再就是每天的运营。以及还有一些客户来了之后，你得照顾啊。所以这些乱七八糟的事情天天有得做，我也基本上都在店里，除了市场就是店里，要么就是酒店。

李翔：为什么内地的团队带不过去呢？

张勇：很麻烦，有用工制度，一个店里面给内地的名额大概是两个，而且必须不是服务员，是管理人员；或者必须是厨师，叫作技术人员才可以。

李翔：店长也是香港的吗？

张勇：香港人，厨师长也是香港的。

李翔：当时您也不熟悉香港的餐饮，完全人生路不熟，是吗？

张勇：对。当然我在香港也有不少做餐饮的朋友，大家也会帮助你。再说开个小店，没那么复杂。

李翔：在那边开一家新店要筹备多久？

张勇：香港我们前后花了十个月。

李翔：香港店应该会有很多新荣记的老顾客吧？本身内地也会有很多人在香港出差或者工作。

张勇：对，有。开始基本十桌里面有九桌是内地客人。但是现在以香港本地客人为主。

李翔：您给香港店重新调菜单，主要调的是什么？

张勇：第一是香港好的食材我们要用起来，第二要根据香港的客人有一个不同的特点。比如针对他们的口味，我会在菜式上做一些调整。

李翔：我记得有一道用海味做的菜，就是在香港店做火的。

张勇：对，我们炒海味就是在香港做出来的。香港店是有它的招牌的。这个海味，香港人炒是桂花炒海味，是广东和香港的招牌菜，但是我做了改良。第一，海味我会用汤煨过，煨过之后更加入味，而且口感比较软糯。第二，在不同季节我会配不同的食材，比如白松露上市的时候配白松露，干巴菌上市的时候配干巴菌。我们这个炒海味当时就火了。

李翔：炒海味对于香港新荣记的作用，会跟当年黄鱼对杭州新荣记、上海新荣记的作用一样吗？

张勇：可能没有那么大，但这个炒海味现在还是点击率很高，香港人喜欢吃海味。

李翔：黄鱼也还是香港很重要的一道菜。

张勇：招牌菜。

李翔：我听您之前讲过，刚去的时候当地媒体会写新荣记把蛇卖出龙的价格，类似这种。

张勇：对，就是把一条死鱼卖成活鱼的价格，把蛇卖成龙的价格，这样说的。

李翔：会有人告诉您吗？

张勇：不是，上报纸。不是说客人反馈——客人也有说，客人在骂，但是报纸新闻都出来了。

李翔：您是什么反应？

张勇：我觉得是认知要有一个过程。这个是好东西，这个一定不是便宜的东西。你觉得是对的，真正对的东西，是好东西，自己还是要坚持去做。你知道会人云亦云，不能他说什么就不敢做了。包括店里面也是，我们店里面有很多的问题，但是你要知道哪些是对的，哪些是不对的，不对的你就去改。所谓调整，就是坚持对的，调不好的地方。

李翔：香港新荣记一下子被大家认可，有标志性事件吗？

张勇：就是当年拿了一颗星。2018 年，香港新荣记拿了米其林一星，当时很激动。我卖这么贵，我觉得服务也一般般，环境也一般般，就拿了一颗星。当时蛮激动的，这个一颗星对我们意义很大。本来我们是包厢生意，就是那些大佬来。中午没什么生意，大厅一般般，两桌三桌，稀稀疏疏的客人。但是我拿了一颗星之后，提前一个星期大厅订位都满了，客人还是认这个。

李翔：很认米其林。

张勇：名声出来了，所以那时候生意就一下上来了。

李翔：深圳新荣记反而是后来开的。

张勇：对，深圳是香港开了之后甲方找我们，地点在福田平安金融中心。

从做品牌到经营品牌

李翔：现在新店基本都是别人来找的，是吗？

张勇：对，我好像没有主动的。现在我也开不了那么多店，等人来找你你都接不住了，还去那里搞什么。（笑）

李翔：确实是品牌的优势开始出现了，桃李不言，下自成蹊。

张勇：所以对我现在来说，唯一的就是把品质、品牌做好，不要刻意去想我要做什么做什么。

李翔：您的风格是什么样子的？在开店这个事情上，您会有一个刻意的速度的要求吗？控制不控制速度和节奏？

张勇：没有，就随缘，真的是随缘。

李翔：没有什么五年计划之类的？

张勇：我们品牌会有计划，比如接下来，像我们这种品牌一定是到了从做品牌到经营品牌的阶段。所以我们现在在做荣叔真选，就是做会员的食材电商。我觉得以后是做产品。品牌有了，就做产品，而不是说你不停地开店。产品做出来才能够牛。但是你产品做得好，没有品牌加持也不行。

我个人觉得中餐一定要到经营品牌的年代了，不是说都是速度和规模。有品牌的时候，不是像小野二郎^①一样守一个店守几十年，你得做成一个产品。

李翔： 产品是可复制的。

张勇： 食材是我的产品，我的内容就是《荣叔拾味》，讲我的标杆性和好吃。但是我只做会员，我不会上天猫、淘宝。我一定要把我的内容做得非常细致，用我的话说，我不懂互联网，但我们不能做成淘宝模式，我们要做成抖音模式，要让我们的内容足够吸引人，而不是一上来就卖东西。要让人觉得真正好，才在里面买，购买是附带的。所以我还是不停地做内容。

李翔： 内容就是您的纪录片？

张勇： 对，我会把它越拍越好。

李翔： 看来纪录片团队任务很重。（笑）

张勇： 但是不着急。因为第一我本身做品牌就要做会员系

---

① 小野二郎是日本名厨，纪录片《寿司之神》的主角，毕生都在他的寿司店数寄屋桥次郎里研究寿司，这家餐厅也因此两度拿到了米其林三星。

统，第二我的供应链本身也要做，第三本来内容也很需要。我是顺带做这个事情。

李翔：经营品牌的意思就是您要把这个品牌的势能放大，可以这么理解吗？

张勇：对，内容就是经营品牌。比如我现在说我的品牌好，但是得宣传它，让别人知道。宣传品牌不是现在去哪里打广告，而是用《荣叔拾味》去经营它。然后我的会员多了之后，我的品牌影响力就会变大。我有了好的产品给到会员的时候，会员就更加满意，黏性就更高。我要把它做成这么一个模式。

李翔：荣叔真选做到什么程度，您会觉得就立住了？

张勇：有几个指标，一个是会员量，一个是交易量，还有就是复购。比如我有二十万会员，我一年交易量是多少，会员的复购率是多少。这是数据，它跟利润没有关系。从这几个数据就看得到。

李翔：现在的会员主要是从线下店来的还是线上的？

张勇：全部是线下店。但是线下店的会员到我的荣叔真选，我一定要通过《荣叔拾味》这个入口来，不能通过真选的入口，就是说你要先关注我的内容。你先上抖音，而不是直接上淘宝，就是这种感觉。

李翔：你们做过广告吗？

张勇：没有，从来没做过。

李翔：您做抖音号了吗？

张勇：我个人没做抖音号，但是《荣叔拾味》在抖音、B站有。我们这种号粉丝量就很少。但是我说这个不关键，关键的是，第一，如果我拍一个《荣叔拾味》的短片，比如讲吊干杏①，发了之后，荣叔真选里面吊干杏的销量是不是增加？如果增加，就证明我的内容有作用；第二，新荣记这些客人会不会关注《荣叔拾味》？我的目标用户人群会关心《荣叔拾味》，这才是我想看到的。抖音上很多人都不是新荣记的客人。你一个老头子，谁会关注你？你又不是罗永浩②。

李翔：您怎么衡量一家店的成功？

张勇：我衡量一个店的成功，现在来说最关键的就是它的品牌。品牌有两种，一种是评比机构赋予你的，比如米其林有没有给你，黑珍珠③有没有给你。第二种我觉得品牌最关键的是口碑，只要口碑好，它生意一定好，生意好了之后，你就不

---

① 新疆一种在树上自然风干的杏。
② 创业者和网络名人，现在是抖音直播带货达人。
③ 美团点评做的对标米其林的餐厅评选。

可能不赚钱。所以我不会说用利润是多少来考核。

李翔：我还挺好奇的，您为什么特别喜欢说自己的企业做不大？

张勇：我真的没有这个能力，就是做大一个企业的能力。我知道自己，所以我要控制店的速度、规模。今年是步子有点大，那我就反过来安慰自己，也是挑战自己组织能力的时候了。还有真的是品牌布局的需要，不是我拍脑袋觉得哪里可以多做一点赚钱。有的可能是朋友的面子，但有些还是布局的需要，我觉得这一步要走。

但是接下来这个品牌还得从另外一个赛道走，所以我做了我的《荣叔拾味》。这个做好之后，才有了长生不老药。品牌都会老化，比如我做不动的时候，或者我们年纪大的时候，没有商业触觉的时候，品牌就会往下滑。《荣叔拾味》做好了之后，它就不一样了。

李翔：您今年开店开得多，这也是年初或者上一年的年尾做规划的吗？

张勇：会做一些吧，但更多的是我自己在把关，也没有说团队在里面做多少研究，我们这个组织也不是那么强。

李翔：还是强在产品？

张勇：产品文化还可以，包括对服务的追求。产品是迭代的，但最关键的是，产品文化、服务文化好了，好的产品和服务就长得出来。文化没有，它长不出来。不是说你靠 80 道、100 道菜，就可以永远走下去，这不可能。

"就是一个厨子"

李翔：餐饮界都挺推崇您的，您对自己在餐饮界的定位，真实的想法是什么？我看您过去讲自己，都带点调侃的意味。

张勇：我觉得自己就是一个厨子，虽然我不是做厨艺出身，但我觉得自己最喜欢的还是做产品，我也有感觉。所以我想有人代替我管理的时候，我还是研发食材，去做产品，这是我接下来真正要做的事。

退休也不可能不干事情，干什么呢？还是在食材、产品上面再做一些东西。然后是一些企业文化的东西。这么多年下来，加上自己对企业的了解，我应该是去做这个事情。你要说组织啊，运营啊这些东西，他们做得比我好得多了去了，也不是我擅长的。

之前我为什么说我做不大，因为第一我们做小店出身，什么事情都觉得要自己干，不会放给下面，下面的人就没有成长的机会。第二还是小老板的思维，下面的人都是打工的，你永远是小老板。所以格局不大。

现在第一我得让下面的人慢慢小日子越来越好；第二一定

要分享，我觉得很多事情下面都可能干得比我们好，那我们就不要去干，而要去干下面人干不了、自己最擅长的事情。那是什么呢？我对产品的敏锐度。可能老天爷赏饭，生下来就是吃这个饭。其他的我没有。人要自知嘛，不能糊涂。老的时候不能变成老糊涂。

李翔： 您还年轻。（笑）

张勇： 我对产品的灵感，比如对产品的想象度，我还是很自信的。我很敏感，可能跟见得多、喜欢的东西都有关系。

比如创新，我们现在的创新还是完全以我为中心。你说厨师菜做得都比我好，他们真的想不出来吗？真的是。

我对一个厨师的理解是这样的，比如之前我们有很多大画家，齐白石画虾，徐悲鸿画马，现在没人超越他们，不代表现在没有伟大的画家——那种每一代都出一个的画家，但是在画马和画虾的领域里面，可能就没人能超越齐白石和徐悲鸿。

比如我张勇，能做小海鲜，做黄鱼，但是不代表我做什么都牛。我做牛肉比谁好？没有谁。我在我最擅长的领域里面把它做透，是这个意思。不是说离开张勇，中国的餐饮业就好像怎么怎么样，这不可能。但是我要留下来点东西，就像齐白石或者徐悲鸿，做这个他是一绝。

李翔： 您在新荣记的定位，现在就是产品创新的发动机？

当然首先肯定是创始人。

张勇：我觉得实际上我们还是有使命愿景价值观的。现在我特别相信，以前我不信的，也没有这个意识。我觉得自己现在一定要推动大家有使命愿景价值观，不要让其他所有东西迷惑了你的使命愿景价值观，要确定你的企业接下来往哪里发展，不断把大家带回到企业的使命愿景。这个东西是没人可以代替的。虽然我们企业不大，但是我觉得就算一些大的企业，真的也是要创始人带的。

还有可能会在产品上面。一个品牌不仅仅是它的菜，也是一个产品。比如我新出来一个荣记·95，也是一个产品；或者我要做一个日本料理，或者意大利餐，也是一个产品。这是我要做的。我最终在想，一个好的厨师应该是一个好的设计师。

李翔：怎么讲？

张勇：比如现在很出名的很好的设计师，第一他的公司都很小，为什么小，因为每个项目都自己出设计方案，每个项目都事必躬亲地做。如果他变成了一个大的设计公司，有很多项目经理的时候，实际上就没那么牛了。

李翔：这个认同。

张勇：所以我想我的公司应该是一个像设计公司的餐饮公司，不大，但是每样东西都是我的思想在里面，从头到尾是我的，但是可能我没有了的时候，这个公司也没有了，那再说呗……

但我另外的赛道如果能走出来，这个公司以后就可能会长命一点。（笑）

商学院

李翔：您刚才提到之前对使命愿景价值观没那么有感觉，但是突然到一个点觉得还是有价值。

张勇：对。

李翔：这个点是怎么出现的？

张勇：是因为去商学院，尤其是湖畔①。以前我觉得有的东西跟做大了有关系，我们这种小企业不需要。现在我真的是从心里面、从根子里面认同的。

李翔：使命愿景价值观？

张勇：对，所以我们开会的时候大家一定要说这个。这可能是我在湖畔最大的收获，其他互联网的东西跟我没有关系，我也学不来，有些我听也听不懂。（笑）

李翔：那您为什么要读商学院呢？

---

① 指浙江湖畔创业研学中心。

张勇：我都是被逼的。（笑）

李翔：新荣记的网站上也提到，你们在 2013 年做了使命愿景价值观的梳理。

张勇：实际上是做了愿景。2014 年，本来想做中餐的奢侈品牌，后来转成做品质中餐的民族品牌，只有愿景。我那时候连愿景、使命都分不清楚，现在可能稍微清楚一点。

后来大家都说要有使命，我就把使命做成为客人提供极致的用餐体验。今年湖畔同学来台州，他们是做互联网的，对美食也没那么理解，但是这次来，完全改变了他们所有人对美食的认知，都觉得这么好。他们走了之后我就在想，他们都是追求事业、追求成功的人，我觉得美食可以为他们提供幸福感。所以我理解使命就是，美食可以让人生更美好。

两层意思：第一层是这些来新荣记的人是成功人士，美食的体验让他们觉得除了事业，还有生活的幸福和快乐；第二层是我们的团队，虽然都是底层的人，包括我自己，但可以通过创造美食，让自己的生活过得好，也有成就感。所以我就把使命做成了"美食让人生更美好"。

价值观我们一直是有的，就是唯品牌至上，唯客户和团队至上。这是 1998 年开第二家店的时候，我自己写在员工手册里的。以前连员工手册都没有，1998 年知道要有一个员工手册，所以我就写了一个，借鉴他人的，加上自己写一点。那时候我们对员工就像家里人，对客户也像家人一样。我们的说法是为家里人做菜，为家里人服务。现在我把这个说法转化了，既然是家里人，一定是唯他至上，唯员工和客户至上。然后我一直对品质、品牌看得很重，所以就是唯品质和品牌至上。我今年又加了一句，唯公司利益至上。因为都是你们至上的时候，你们可以置公司利益于不顾，如果"贪赃枉法"，那不行。我对你们至上，你们也必须以公司利益至上。这三个里面互相有约束，我不是圣人，我可以对客户好，我可以对员工好，但是你在我的企业里面，也要把公司利益至上。我是这么一个想法。

我们的服务理念、产品理念、企业文化，这么多年下来，都是一条一条慢慢沉淀的。不是我们拍脑袋想出来的，而是从不同阶段里面提炼出来的，而且是到了团队的行为上面，能影响他的行为的。这就是好东西了。如果你是挂在墙上，对他一点影响都没有，那你别写了，还是要让他从骨子里面认同。

李翔： 餐饮企业是不是还挺容易出现损害公司利益的事？

张勇： 对。我们不是说没问题，我们管理也一般般，但是我们整个文化还可以。我觉得新荣记的人还是比较正。

"有"的时候要颠覆，"没有"的时候要创造

李翔：台州菜在中国的菜系里面是什么位置？

张勇：没有这个菜系。

李翔：完全是您做出来的？

张勇：应该这么说吧。台州菜不难吃，第一它原料好，四季分明；第二台州人的口味还是比较浓。但是它没有菜式，都是外面学来一些。它有民间的小吃，有它的味道底蕴在，但是不构成台州菜。

那时候温州的瓯菜是谁都认，台州菜人家不认。但是我们做了之后，因为我们在做……你说我们正宗吗？第一我们把一些台州菜做了提炼，比如黄鱼不是我开发的，但是我知道这个好，我让人家知道这么好的东西，我让它登上大雅之堂；第二我不断地融入各种门派，不断丰满再丰满。所以人家觉得新荣记就是台州菜。实际上新荣记相当于李小龙截拳道，不是咏春[①]。

————————————

① 李小龙师从咏春拳宗师叶问，但开创了自己的一套格斗理念，后发展为截拳道。

李翔：要做高端餐饮的话，这样一个没有菜系的菜是优势还是劣势？

张勇：我觉得如果你有底蕴的话，应该是一个优势。因为从无到有，这个时候是创造。反而"有"的时候，要去颠覆它，这个压力很大。你"有"的时候你要颠覆，"没有"的时候你就要去创造。你创造的就是你的。

李翔：您自己也会讲，您去香港的时候，那些粤菜师傅可能看新荣记、看台州菜，是有优越感的，是吗？因为他会认为自己有很深厚的底蕴？

张勇：对。

李翔：这会是一个问题吗？

张勇：肯定是问题啊，如果抗拒一个东西，那你首先就是跟它对抗。比如武侠小说里，这个人什么功力都没有，其他人给他输进去，他就全盘吸收。他如果本身有功力，一定是跟它对抗。要把他那股力消掉之后，才能给他输进去。

李翔：粤菜大厨会看不上台州菜吗？

张勇：会看不上，我去香港的时候请的都是粤菜大厨，他觉得台州菜就是家常菜，他完全不认同。他认为粤菜考的就是功夫，包括锅气①、各种做法。后来是我自己在那边厨房教的所谓家烧②。我做这些土菜，我教给他。

我做给他的时候，说你就告诉我好不好吃，你别看我的手法就像一个家庭主妇，别看我做起来难看。他说真好吃。好吃，那你就照着我来做。

所以是这样慢慢改变他。但是当他接受你的时候，他做的东西真的比我们还要好。

李翔：因为他有粤菜底蕴?

张勇：对，这个功夫是好的，如果你认同了这个东西，原有的功力都会再加上去。不认同的时候，互相在对抗的时候，就麻烦了。

李翔：新荣记借鉴粤菜借鉴得最多是吗? 就是在手法上面、做法上面。

张勇：最多。我以前开第一家店不是粤菜，但也不是说简单的台州菜。我这么多年都是有粤菜的影子在这里。而且我后来请的厨师都是粤菜师傅，我那时候不请其他的厨师，只请粤菜厨师。

---

① 粤菜里面评判小炒菜非常重要的一个标准，由热、快、干、香四个指标构成。
② 指家常做法。

李翔：现在呢？

张勇：现在我不会再去请厨师，我都自己培养。除非我在某一个领域里面——比如芯片的东西我解决不了，我必须要买，那我就去买，一般来说都是我自己做。

"名厨就是我"

李翔：为什么会有这样一个转变，从请厨师到自己培养？

张勇：有各种原因，不是因为待遇。比如我开京季的时候，去年有疫情，我就在家里把我在各处这么多年吃过的官府菜菜谱，一本一本地淘出来，自己想、自己做了大概80到100道菜。

我自己是2月15日到北京的，虽然疫情在，但没办法，我要开店，我就冲过来了。然后我就从各店调了7个厨师，有做川菜的，有做粤菜的，都叫过来。

因为我知道我这里的菜需要哪些人，我已经懂了。7个人也不是什么名厨。厨师长原来也不是厨师长，我把他调过来，因为我觉得这小子做事情蛮认真，又有粤菜功底。过来之后，他们就按照我的要求做这个菜。第一个星期下来，我都要疯了，我都想拿脚踹他们，都不知道在做什么。（笑）然后第二个星期就找到感觉了。

结果就是这些厨师，很普通的人，我们拿了二星[①]。

所以我可能会找一些人，但菜都是阿姨做，而且都是按我自己的要求。新荣记的厨师我全部都让他们回去了，我留下来的继任，都是外面七零八落的部队，是这样做出来的。

李翔：京季还有这么传奇的经历？

张勇：真的这样。我觉得不是京季背后有什么名厨，如果有名厨就是我，还有什么名厨？

李翔：上次听您说，新荣记所有餐厅从食材到烹饪手法都是需要您来定的，是吗？

张勇：对，我们食材基本是统一配送的，除了他们店里自己买的姜葱蒜。我配送的那些食材，95% 以上都是我定的，都是我的嘴里面试过的。

李翔：这跟您个人的性格，包括您对产品的要求是相关的吗？

张勇：相关，我觉得这是必须由我做的东西。你说其他的人都定不了吗？他能定，但那就不是我的东西了。他能定，比如我店里面的人离开我，他能不能成功？一定是可以成功的，

---

① 京季在开业当年，被《米其林指南》评选为二星餐厅。

很多都可以成功，但是他做不出新荣记。

李翔：因为新荣记就是您？

张勇：对，每个人不一样。

李翔：您刚才讲，出去吃饭会把他们的菜谱拿回来？

张勇：我以前喜欢这样做，以前我会搜集各种菜，偷菜谱，买菜谱，都会做。以前我到一个店里面，硬要把人家的菜谱买过来，不卖偷也偷过来。（笑）所以我还是收集了不少菜谱。这个店做的时候，曾经在哪个地方吃过哪道菜，会像放电影一样放出来。我现在已经过了单纯 copy（复制）的时代了，我肯定要变，哪怕稍微变一下，一定是我的，不是你的，这个功力我有了。

李翔：那两个星期，您让几个厨师过来，他们的工作就是做菜？

张勇：对，我跟他们说怎么做，他们做了之后我再来评，哪些需要改，哪些要提升，就是这么做。不行我就自己进厨房。当然我不是说什么都能做，但是我对菜的这种感觉是他们没有的。

李翔：如果您用一些当时相对而言还没有名气的厨师，做了一个米其林二星餐厅的话，其他的大厨会怎么看您呢？

张勇：你说新荣记内部的大厨还是外部的？

李翔：外部的。

张勇：外部我没说过这个事情。

李翔：所以他们也不知道。

张勇：他们不知道。我们也没必要说。我没必要在外面说，人家会觉得你在吹牛。很熟的朋友才知道这个故事。

李翔：京季在官府菜里面独特的地方是什么？您给它定的调子，给它的定位是什么？它里面有张勇这个人的什么特征在里面？如果去描述的话。

张勇：官府菜以前应该是给大户人家吃的菜。我们以前叫私房菜。菜量没那么大，但是每道菜背后的选料、烹饪、功夫，都是很讲究的。

但它的底子是什么？你说真的是官府菜吗？现在已经变成融合菜了，里面有川菜，有潮州菜，有粤菜，有谭家菜，有鲁菜。这里面说不准，但是它慢慢形成了自己的一套东西，这就是我想要的。所以你真说它是什么菜，说不准。就像我现在在荣记·95，还在摸索，但是我会形成自己的一套菜。

京季现在整个气质有了，但是还不够丰满，我要把它的骨肉再丰满一些，再把它的经络、任督二脉打通。它现在还没有到这个境界。现在是开始的局势出来了，后面骨肉再丰满，接下来任督二脉打通，就成了。

无所谓开不开分店，开什么分店？咱们自己做一个作品，成为孤品多好。我觉得这不是可以用开几家店来衡量的。我一直是这么认为的。

李翔：我去京季吃饭，会觉得它的定位非常高，但是它连做牛肉面也是特别用心和用功的。

张勇：京季的牛肉面都是有故事的。我疫情期间在老家没事情做，我要吃饭啊，就自己天天戴着口罩跑到菜场买菜，自己做，做给家里人吃。我有一个朋友住在我家隔壁，我俩天天在那儿喝酒，喝酒要吃东西，然后我就研发了这道牛肉面。

京季这个店，我说要做这道牛肉面，我做给他们吃，厨师都觉得很好吃。我手把手教给他们做，但他们怎么都做不出我要的效果，被我骂得狗血喷头，而且还是两个我们最大的大厨。后来厨师也着急了，把原料什么都买好，说老板你来做吧，我们做不好。

我说我做就我做，我给他们做，他们就心服口服。不是配方的问题，而是对牛肉面的理解，差那么一点。就是一点。所以他们还得服，我如果做不出来，那他们真的是……

李翔：看来老板也是一个高危职业，也不好当。（笑）

张勇：我们是自己打出来的，手感是有的。现在大家觉得荣季·95 这个餐厅好像投诉很多，10 月 1 号的时候，我让他们再看这个店是什么样子。我再用两个月的时间调一下。

李翔：会投诉到您这儿吗？

张勇：我会看大众点评啊，偶尔会关注。然后我一来之后，不用看我就知道这么多问题。但是现在没办法，我也不可能从其他店里面抽人过来，那会影响其他店。我就用这帮普通的人，我通过两个月的时间调，那时候大家觉得才不一样。

米其林"收割机"

李翔：2016 年是新荣记第一次摘星吗？

张勇：上海第一次评的时候我们拿了一星。

李翔：当时您觉得是预料之中的事情吗？

张勇：没有，我根本没想到。

李翔：确实是米其林"收割机"，也没说错，是吧？

张勇：现在很多客人说要按照西餐的米其林标准来要求我们。我们肯定还有很大的距离，比如说西餐应该怎么样，分子料理①、唯美的、一个一个小小的，我们肯定不如。但是米其林看到我们在中餐上面有自己的一些创新和颠覆的想法，给我，也不为过。不过我觉得也是有运气的成分。

李翔：2019 年拿三星的时候，当时也是出乎意料的，还是已经有了一些预期？

张勇：出乎意料。

---

① 将所有烹饪技术和结果用科学方法去解释，并用数字精确控制的一项烹饪艺术。

李翔：为什么？不是之前一直拿吗？

张勇：我觉得两星也一定不是我的，轮不到我，更别说三星了。北京做餐饮好的多，我觉得轮不到我。

李翔：为什么？

张勇：我觉得自己真的没有做到这个分上，我自己没有这个信心，说我是最好的。当时拿三星的时候，我还在上海，在南京西路店里。他们那边在发奖，我什么也不知道。

李翔：您没有去现场？

张勇：我都没有去现场。从来没去过。

李翔：为什么从来不去米其林现场？

张勇：第一我不喜欢抛头露面，第二这些荣誉得了还是让厨师去领，他们会更加有成就感。咱们别跟厨师争。一个店拿了，对他们来说也是一个至高的荣誉，让他们去拿，把这个机会给他们。我们把风光都占尽了，人家也不舒服，他们毕竟是努力了的。

李翔：您是在上海知道这个三星的事情的？当时您在店里忙是吗？

张勇：我在上海的店里，已经颁奖了。

李翔：但是也会很关心这个。

张勇：那当然。我刚好在店里有事，但是也在看现场的评比，看到居然拿到了三星，我当时也不知不觉的眼泪出来了。我大儿子在美国，我们群里说拿了三星，他也激动得不得了，也是眼泪出来了。我们店里很多人，都是哭得眼泪一把一把的。我们是做梦也不敢想这个事情的。

"对得起给你颁的奖"

李翔： 但是您后来也说过，会有一些争议，是吧？

张勇： 对，大家觉得，为什么是你啊？新荣记拿了两星没人说，你拿了三星，大家就觉得……

李翔： 可能因为它是第一个三星？

张勇： 内地品牌第一个。

李翔： 那您怎么回应这些质疑啊，争议啊，尤其对同行？

张勇： 我当时发了一个微信朋友圈，我说所有的鸡都有一个做凤凰的梦，但是有的时候突然成了凤凰之后，你心里面反而有点不知所措。我说这个意思就是，做餐饮、做高端餐饮，谁不想拿星，谁不想拿三星？做梦都想。你拿的时候，你说你不要？肯定要。接下来的事情，就是怎么对得起给你颁的奖就可以了。你说我还给你，我不要啊？心心念念地想要，真的有一天你拥有了，你不要？只不过是你怎么珍惜它而已。

我是觉得我可能跟三星还有很大的距离，但是这个荣誉拿了之后，我肯定珍惜得不得了，接下来更努力就可以。这又不是我买的。我跟米其林也没关系。

就像足球比赛，有一次是希腊拿了欧洲杯的冠军，有一次是克罗地亚拿了世界杯的冠军，你说它们是不是真厉害？但再踢一场不一定能拿冠军，这里面有偶然性。但是按照规则，它拿了冠军之后，你就得给它掌声。你不能说它只是运气好，没有球星，这是个笑话。所有最后拿金牌的人，你就得给他掌声，除非他是靠潜规则拿的。我光明磊落。潜规则也轮不到我张勇和新荣记去潜规则。

李翔：所以拿三星的第二年应该是最紧张的一年，是吗？

张勇：对。包括现在我也还是不断地去提升。我没有退步。

米其林三星如何做

李翔：新源南路那家新荣记拿了三星，按照您刚才讲的那个标准，它特别与众不同的地方是什么？

张勇：我当时做设计的时候，整个大厅最漂亮的是靠亮马河那一带，按照正常的中餐设计，实际上那一排都应该做成包厢。做包厢，我的结构就变成长条形了，那客人的体验就不一样，进了里面，就像进了房间。所以我当时想，应该把它做成大厅。

做大厅的时候，我只想做一个烤鸭炉，但是日本设计师觉得只做一个的话，空间不够漂亮。他跟我讨论，觉得应该做成"品"字形。但是我做"品"字形的话，空间不是全部浪费了吗？我当时还是考虑以体验为主，所以纠结了一两个月，我才同意这个平面设计。也就是说，第一我作出了牺牲，我为了一个好餐厅，可以牺牲最好的位置，这个是大家不知道的。你只不过进去的时候感觉有点不同，但这个关节不知道。

第二，这个餐厅里面所有的餐具都是定制的，从盘子开始，我专门找了人来定制。所有的服装也都是我专门找人定制的。这个现在大家都能做，但是我做的时候，还没有那么多人这样做。

还有，我每个月人工、租金二百多万，但我能开业的时候又推了两个多月。为什么？我觉得节点细节不够好，我不停地在磨。那里的老总问我，你什么时候能开业？我说什么时候我觉得满意了，什么时候开业。

我的音响那时候已经装好了，不满意，为什么？音响的声音在大厅里不均匀，这边和那边声音大小不一样。所以我把它整个拆掉，全部又换成博士①的音响，我让它均匀。

我想做出我心中想要的那么一个餐厅，不一定完美，但是我有追求，不是说我开出来做生意就可以了。我希望我的每个餐厅，新荣记每一家餐厅里都有一个新的亮点，我不是简单的连锁复制，我希望做到一店一用。

我在这上面付出的一些东西，是别人不一定能看明白的东西，但是我觉得可能评委看到了，他们这些人看的店多。可能同行过来，觉得你也这么做啊，你东西也很多毛病啊，但是我背后付出的东西，可能这些评委感觉得到。这个店我是花了很多的心思在里面的。

李翔： 这个店②也一样，前三个月也是需要您基本上每天

---

① BOSE，音响领域的传奇品牌。
② 指新荣记新源南路店。

过去的？

张勇：我在，我都在。包括跟日本人为了设计方案吵架。只是花钱做一个餐厅的话，全中国的马路上都是，轮不到我。比钱多的话，怎么能轮到我呢？我花的心思才最重要，我投入的心力、脑力，才最重要。

但是我拿了三星之后，不是说我就是全中国第一了，我还是在不断地做改进，环境不可能拆了重新再装，但一些节点上面的东西还是在做。不懂你的人，说你这个不好那个不好，你这个跟国外哪家餐厅差很多，你那个跟谁家餐厅差很多。我知道我差很多，但是我只要在努力做就可以。我说全世界哪个三星餐厅是最好的？是吧？不是用最好来评价的。

李翔：其实是每个都不同。

张勇：现在足球比赛还有世界排名，你说排名第一的队去世界杯、欧洲杯就拿第一？绝对不是。每场都有它的偶然性，也有它发挥得好不好的关系。

李翔：像您第一次了解米其林餐厅这个概念，是什么时候？

张勇：那早了，那时候是知道米其林，专门去吃。

李翔：是作为消费者。

张勇：专门去吃，我们做餐饮的嘛，心里在想的是，老子这辈子如果获得一颗星，就满足了。我们到国外也去米其林餐厅吃。

李翔：是不是主要的米其林餐厅您都去过？

张勇：没有，我不会专门去收集，但是这几年可能会多一点。我到了一个地方，会把当地最好的餐厅能吃的都吃一遍。我们是搞这个职业嘛，都会吃。

李翔：第一次把拿星作为内部公开的目标，就是 2014 年开会时讲的吗？

张勇：当时是想成为中餐的奢侈品牌，写了一篇文章发在内部期刊上。所谓奢侈品牌用什么来定义？一个是客人来定义，还有一个是评比机构来定义。评比机构最权威的就是米其林。那时候米其林还没有在中国内地进行评比，说要拿米其林，我不敢说这个话，但是内心来说，就是这样。我不敢说两星、三星，我哪里敢奢望，一颗星我就开心了。

李翔：在您去过的米其林餐厅里面，您觉得新荣记占据的独特位置是什么？如果跟其他同样非常棒的米其林餐厅比的话。

张勇：国外的米其林餐厅吗？我觉得它们整个在服务上面的优雅，中餐是比不上的。还有环境上的贵气、调性，我觉得人家还是比我们高。再一个在出品上面，人家的呈现方式还是好的。另外对酒的理解上面，还是比我们专业，毕竟葡萄酒来自法国，很多好酒都来自国外，它们对酒的理解还是比我们要深——当然对茅台没有我们理解深，其他的都比我们深。所以它们走在前面，就像叫发达国家一样，它们是发达餐饮，中餐某些方面跟它比还是落后很多。

但是这个时候我们需要的一定是自己在中餐上面进行创新，而不是什么都搬过来，学过来，一定要有自己的路走出来，这就不一样了。所以我没门派还好，没门派，怎么打得赢就怎么打。

李翔：可能米其林才不在乎粤菜底蕴多深厚。

张勇：对，这反而让我跟人家不一样，我不会被门派这些东西给左右。

李翔：简单而言，差别就是服务、环境、出品和酒。但是呈现和环境不应该是东方人比较擅长的吗？

张勇：但你看现在最牛的设计师还是在国外，国内的设计师跟他们还是有区别。这个不是贬低自己，而是要知道自己跟人家的差距，知道往哪里补，这样就可以了。我们不需要太自卑，中国只用了几十年就已经成为世界第二大经济体，你得自信，但是不能盲目自信。

李翔：米其林评委的建议里面有特别醍醐灌顶，或者出乎意料的地方吗？

张勇：很简单，举个例子。一道菜的味道，比如说是先淡后浓，你就不能先浓后淡，包括每道菜之间的搭配层面，都是有讲究的。至于说你怎么做是你的事情，他就把这个道理告诉你。我们得懂道理。反过来这些东西不是专门给米其林的，我给客人也呈现这些东西，我的客人也觉得好。

比如我在新源南路店今年要做一个调整。新源南路店拿了三星之后，全国各地有很多来打卡的，包括同行，包括客人，很多都是拉着拉杆箱到门口，提箱都没地方放。他们就吐槽很多，觉得你这个不是米其林。因为他们来这里是打卡的消费，第一次来，他们还不懂得什么菜是招牌菜，如果点菜的人也不懂，就没有给他们点到好的东西，他们就觉得你不好。这是第一。第二还有些消费低的，人均三百块多一些，两个人吃个七八百，怎么能知道新荣记的东西好在哪呢？所以我今年做了一个最简单的调整，我做套餐，大厅也提供套餐，你可以选择1680元和2280元的套餐。现在很多客人来，都点这些套餐，体验完全不一样，好评率马上就上来了。这是我今年做的，我觉得有那么一点点提升。当然你也可以不点人均1680元的套餐，可以消费200、300元，没关系，但是你要知道你不能按照1680元的标准来要求我。

李翔：其实是给大家一个很好的抓手。

张勇：对，做套餐，团队不用训练很多，让客人自己选就好。我根据这些服务节点，把你服务好就可以。我们就是把一些复杂的东西简单化，这是我今年在做的事情。

李翔：其他店也会有吗？

张勇：其他店也会有。但是比如上海南京西路店以茶食为主，我就不能推这个套餐，客人还是喜欢喝喝茶，点几个小菜，没压力。但是有些能推的店我就推。

李翔：其实相当于给出了一个使用指南，如果你去一个新餐厅，是需要的。

张勇：对。然后我一个月，最多两个月，做一个变化调整就可以，让套餐有新意。京季肯定也是这么做。

"你不一定是最好的，但是得有自己"

李翔：为什么做一家米其林餐厅这么难呢？我记得您讲过，有钱的人多了去了，有钱的公司想做米其林的也多了去了，但就是很难。

张勇：有钱的公司可以花钱在请人上，但不可能自己去做这个事情，那这个体感就没有。

李翔：就是话事人①本人的体感。

张勇：对。比如说，有钱请设计师的公司老板多了去了，但他自己不会参与这么深，所以出来的东西都是设计师的东西，很难有他自己的一些想法。

李翔：我的理解是，这个主理人、话事人本人一定要全身心投入，把他自己的人格投射到这个餐厅上面，才有可能做好。当然这个人格还必须得是好的。

张勇：对，一定得有魂，有思想。你不一定是最好的，但

_____

① 可以做决定的人。

是得有自己。比如做菜，我说我的菜一定不是最好的，但一定有个性。我有瑕疵没关系，但一定要让大家觉得你是很用心在做，这个特别重要，是能感受到的。什么东西都一模一样了，那就变成标准化的常制品了。

环境、服务、出品和创新

李翔：新荣记多城多店都拿了米其林，其实就是需要您自己得不断地到多城多店去？

张勇：对，我都自己去。

李翔：也是唯一的方法？

张勇：你看荣小馆能够拿必比登[①]的，我们现在有三家。北京大望路有一家，上海安达仕[②]一家，黄鱼面馆一家，能拿必比登的也都是我参与度很高的店，会高一点点。所以肯定是有我的影子在。

李翔：我也听您说过，您觉得自己做其他菜系，包括做西餐也能拿米其林，是因为背后的大道是相通的。

张勇：对，是相通的。我觉得我做西餐，或者做日餐，还有机会的。

---

① 必比登推介榜单上是《米其林指南》在星级餐厅之外推荐的餐厅，性价比更高。

② 凯悦酒店集团旗下的高端酒店品牌。

李翔：这个道如果能描述的话，会是什么？

张勇：环境、服务、出品、创新精神。创新精神是灌输到服务和出品里面的。就是你得有一个思想在里面。比如我可以花钱请一个米其林的大厨过来我这边做，但是一定要有我的思想在里面。不是说我就是个大老板，我花钱请个大厨，而是一定有我的思想跟他去碰撞，做出不一样的东西来。要有自己的理念。

李翔：理念就是"食必求真，然后至美"，是吗？

张勇：这是我们的产品理念，食必求真。"真"是真料、真味、真诚，"三昧真火"。新荣记之前的品牌故事都是我自己写的，写得不好，但是我能把我内心的东西说出来。

李翔：这个理念是一个总结，还是说想达到的目标？

张勇：它是持续的，第一是我们去提炼自己的经验，第二这永远是我们不断努力的方向。你不能失去这个真字。

菜品创新

李翔： 我看您在一个演讲里面说到好餐厅，会用菜味、人味、店味来看。您也会用这三个标准来衡量新荣记的每家餐厅吗？

张勇： 那肯定，我们做打卡的时候就按照这个来做的。但是我会把店味具体化，不能抽象，到底什么是好的店味，它要能够有具体的指标。人味也一样，比如说对客人、对团队，都要有人味——当然主要还是对客人。

李翔： 您最近创新的一道比较得意的菜是什么？

张勇： 我们创新挺多的。去年做的一道菜，溪鳗烧佛跳墙，到现在也在大卖。今年我们做了一个海胆黄鱼酥，我觉得挺有意思的。

李翔： 菜品的创新，过程是什么样子的？您怎么产生的灵感？是在旅行当中不断发现的吗？

张勇： 可能是看到人家好的，你再转变；也可能是自己在做这道菜，不断碰撞的时候，刚好有灵感出现——这个菜可以这么去呈现。

李翔： 想到这个创新之后，您就会把它交给厨师，让厨师呈现出来，然后再来判断？

张勇： 对。

李翔： 菜的创意主要的动力还是来自您，是吗？

张勇： 嗯。

李翔： 有自下而上的吗？比如下面的厨师在工作里面做出来。

张勇： 我们有这种机制。我要求他们必须创新，我们的区域出品教练必须每个月有 10 道菜是他们自己做的。不管好不好，你得想。不过说实话，主要还是我的东西能够落地。这个真的有的时候还是一种……说白了是一种天赋吧。

李翔： 您对菜品的创新或者创意，是不定期的吗？

张勇： 不定期。

李翔： 就是得到灵感就会讲这个事情。

张勇： 对。

李翔： 您是通过会议的形式告诉他们？还是？

张勇： 我会在一个店先做出来。

李翔：自己做？

张勇：可能是厨师做，有些我不会做，厨师按照我的想法先做，做出来满意了之后，再去复制。因为如果没做一个标准出来，大家不知道该怎么做，你得打一个样板出来。

李翔：就是厨师做出来之后，端上来给您吃？

张勇：对。现在我一道菜呈现的时候，除了标准制定好，怎么去服务，怎么介绍这道菜，服务的节点是什么，我们都有一套要求，这些都有了，才构成一个菜完整的逻辑。不是说一道菜端上来，好吃就吃。你得说，得怎么去服务好客人，要注意哪些节点。

品牌背后是价值观

李翔：您之前提到过，在 2013 年、2014 年的时候，最开始提出来想做餐饮里面的奢侈品牌、做品质中餐，我理解就是要做一个高端的、有品质的品牌。做这样的品牌应该是有方法论的吧？当时你们有这个方法论在吗？我想肯定不只是贵。

张勇：不只是贵，餐饮领域做这样高端的、有品质的品牌，你得有环境，你得有服务，你得食材好，你得做法讲究，你还要呈现得好，还有你得讲出它背后的东西，让人家感觉到你背后是有文化的。

实际上文化并不是抽象的东西。比如说，我最早看西装，很多年前了，那时候温州有很多西装品牌，这些品牌请的也都是老外的师傅，用的是先进的设备，面料也一模一样。但是老外的品牌要卖几万、几十万一套，温州最贵的也就几千块。

什么都一样，我们就觉得，为什么我不如你呢？老外说了一句话，他说我这是有几百年文化沉淀的。当时大家会觉得有点玄乎，不就是一个西装嘛？实际上是对服装的理解，包括对裁剪的理解，完全不同，你是"抄"来的，你没有自己的东西在里面。

李翔：所以还是要有灵魂。

张勇：对。那时候我们觉得他说的是有那么一点道理。现在一样的，比如我新荣记的菜，我的厨师也出去很多，我的招牌菜大家都会做，卖得还比我便宜，但我觉得这个不是一道菜的问题，它是一个整体，不是说你把我的厨师挖过去了，几道菜学过去了你就是新荣记。不是。

李翔：厨师出去做新荣记招牌菜，能拿到那些食材吗？

张勇：有钱都买得到，因为食材又不是我垄断的。我现在也没到垄断食材的程度。

李翔：黄鱼呢？

张勇：我拿到的是头水货①，可能会有区别。但是食材这个东西没得垄断。

李翔：2013 年的时候，您认为市场上有你们这样的餐饮品牌吗？

张勇：没有。

---

① 指每年开海后的第一批货。

李翔：但是有卖得贵的。

张勇：对。

李翔：您当时想做餐饮界的高端品牌，有对标或者学习的品牌吗？

张勇：没有。

李翔：其他领域的高端品牌呢？

张勇：我对标的就是爱马仕、LV、香奈儿，我觉得这种品牌是我学习的方向。虽然说跟我的商业没关系，但是人家为什么那么做，是可以学习的。

李翔：怎么学呢？

张勇：很简单，我以前去香港买爱马仕，这么大的一个店，里面大概只有三五个客人的时候，他啪一下把门拦住了，不让我们进，我们就在外面排队。我觉得我们完全可以进去，但他就这么一拦。当时我觉得厉害啊，他这么做就是为了让里面这三五个人体验好。

你买这么贵的东西，我得有一两个人专门为你服务，不能说你买了就走吧。所以我觉得门口这个排队绳，代表的就是它的档次。就是即便你有钱，我也可以不做你的生意，我要先把我的客人服务好。

虽然这是一个很小的动作，但是国内的品牌怎么可能做这个事情？我们开店巴不得你快点，全部进来，把我的东西买光。就这么一个动作，你都难做。这背后就是它的价值观。

所以我说我这里这家店^①，虽然定位就是人均三百块，但是我这里不排队，我没有等候位置。为什么不排队呢？因为北京的天气要么很热，要么很冷，为什么要让你花三百块钱等在外面不舒服？所以我这里不接受等位，我就是给你时间请你预订，比如五点半、七点半、九点，你要么在这个时间点来，要么不来，但我希望你来这里时，整个的体验是舒服的。这是我想的。我不能像奢侈品商场一样，大家全在那里排队。当然这个理念有点怪，但我觉得这是对的，那我就去做。能理解的人就理解，不能理解也没有办法。

李翔：不能理解其实也没所谓，因为他也不会按照你的方式做。

张勇：对。我就是让你来这里舒舒服服的，真的感觉这个三百块是值得的。

---

① 指荣季·95。

多品牌和供应链

李翔: 2013 年您提出的生态餐饮企业具体是指什么? 是指多品牌吗?

张勇: 一个是多品牌,另外一个我那时候就想做供应链,就是现在的荣叔真选。

李翔: 那时候就已经想做,但直到去年才开始动手。

张勇: 对。

李翔: 是因为一直没有腾出时间和精力吗?

张勇: 因为我不懂,我只是想到了这个事情,可能会有这么一个机会,应该这么去做。但是你说怎么做?我当时的团队包括我自己都不懂。

我也干过,找了一帮人,大概一年几百万,卖食材,结果做得一塌糊涂。为什么呢?因为它还是用"淘宝模式"。新荣记的客人如果来吃饭,宁可在你店里面买,怎么会愿意到你网上买呢?而外面的客人都觉得你贵。上淘宝一看,你什么东西都贵,他又骂你。你的物流供应链又没有建起来,后面的服务又没做好,做成了才奇怪呢。所以大概做了两三年,我就把这个部门撤了。去年我又想干了。我觉得这个我必须干。

当初我是找了一帮人，我什么也不管，给了一个办公室，让他们自己玩儿。现在我觉得这个事情我得自己领头去做。

李翔： 因为它确实还是一个你的东西，而且更重品牌和服务品质，真的不是电商的逻辑能做的。

张勇： 对，它不是一个简单的电商。

李翔： 新荣记可以开到多城多地，是因为新荣记不需要接到当地的文化里面吗？

张勇： 新荣记自己的文化很强，但是我可以跟当地的文化融合在一起。首先对这个的理解，一定是我在理解，如果我不理解，这个店是我团队要做的，我就不敢。比如我去成都，我觉得我的店如何能够被成都人接受，我要来把这个关，我是设计师。如果只是我的一个店的老总跟我说，老板，我去，我会说不行。我是创始人，对这个东西的敏感是我自己要有的。

资本和品牌控制权

李翔：您会受到高融资、高估值的诱惑吗？

张勇：不会，新荣记永远不会对接资本。我们可能每个店有些股东，以后比如我开一个店到成都，我会允许一些朋友都来投一点。但这个品牌控制权是我的。我就让你投一个店。我肯定不会把新荣记做资本对接。一做就完了。

李翔：为什么那么笃定？

张勇：第一，你拿了资本之后，资本一定是要求你每年有发展，你得开店。我开不了这个店，对资本交代不了，我的估值就是虚的，资本就要骂我。第二，我自己觉得，像我这种品牌，对接资本的一定不是线下的餐饮门店，而是背后的荣叔真选、《荣叔拾味》。这个我完全可以对接资本，没关系，但线下门店不要去做。

李翔：有很多人来找过您吗？

张勇：这个还真不多。因为大家很明白。这些人都是比我们聪明一千倍的人。他觉得新荣记可能全是我干出来的，只要我不干了，这个品牌就一分不值了。而且它很难复制。做资本的都看得出来。

李翔：我印象很深的是，2013 年、2014 年，所有人都不想让别人认为自己是一个传统行业，但当时您的原话是，您要创造传统行业的传奇。

张勇：对，确实是。当时是我的愿景里面有这么一句话。

李翔：这是怎么想的？当时确实是所有人都不想被认为自己是传统行业的。

张勇：我的第一句话是成为品质中餐的民族品牌，第二句话是创造传统行业的传奇。传统行业大家觉得做不起来，创造的意思，就是传统行业中可以做一个高端品牌出来。国外的奢侈品行业不都是传统行业吗？箱包、服装，都是传统行业。我们为什么做不了？大家看不起传统行业，都只看到新兴行业，实际上真正的奢侈品牌和高端品牌不是新兴行业出来的，一定是传统行业出来的。我就想做一个高端品牌，它可以作为百年老店，那就是一个传奇。

几年之后，我把它改成了餐饮的生态企业，我可能店不多，就 10 家、20 家店，但是我走到另外一个赛道，把它做出来。

李翔： 2012 年、2013 年有想过做移动互联网吗？

张勇： 没有。

李翔： 把餐饮跟移动互联网结合一下呢？

张勇： 我没有这个细胞。以前比如房地产这些都涉及过，那时候我可能不懂，但是我能够听明白，互联网我一点都不明白，而且我身边没有任何一点资源。

把八大菜系经手做一遍

李翔： 除了新荣记这个品牌以外，新荣记旗下其实还有一系列的品牌，这个里面有逻辑吗？背后也是定位理论吗？

张勇： 有一次我跟西贝的贾国龙[1]，还有莆田的方蜀黍[2]，三个人出去玩，去沙漠里面开车、滑沙、露营。我们三个人坐一辆车，贾国龙开车。

他说，我们现在就三个人，你们说说你们心中最想干的事情是什么。

我回答说，我想把中国的八大菜系，甚至国外的菜系，用我的手把它做成高大上的品牌。比如湖南菜、川菜，这些在有些人看来都上不了台面的，我想把它做成高大上的。就是我把它玩一遍，我也不在乎几家店，就为了证明我有这个能力，可以把传统的菜系玩得高大上。后来我做了一个京季，做了一个芙蓉无双。实际上很早我心里面就有这个种子在。你问过我什

---

① 西贝餐饮创始人、董事长。
② 莆田是一家从新加坡起家的餐饮公司，新加坡的莆田餐厅曾数次获得米其林一星的荣誉，创始人为方志忠。

么时候开始想做湖南菜的，做可能真的是机缘巧合，但是我一直在想，我想干那么一件事情。

现在我想干吗呢？还是这样。比如全世界最好的法餐在日本，是日本人做的，日本人做了米其林三星的法餐。日本人做的中餐，也是米其林三星。日本人可以把很多国外的东西变成自己的东西，然后还超过人家。对于我而言，我也是这么想的。湖南菜我不懂，但是我可以学湖南菜，把它变成自己的。中国最贵的湖南菜，不在湖南，而在北京，在芙蓉无双。这也是一种情怀吧。你说它的商业模式是什么？我头脑里面就没有什么商业模式。（笑）

李翔：线下餐饮的商业模式应该就是开店、客人来吃饭、赚钱吧。（笑）

张勇：我没有规划。你说我心里面说新荣记要开多少家？一定要做到多少家？没有。但是在日本开店，这是很多年都有的一个种子。所以这应该就是大家所说的初心吧，就是你心里想什么，第一时间问自己，你想什么。你想钱多，谁不想钱多？傻子都想。但是真正做事情，我觉得我还是喜欢做这个事情，比如说京季、芙蓉无双，我把它开得足够的牛，这个我心里就觉得很好。

李翔：就相当于每个菜系都有一个品牌出来？

张勇：也不是，我没那个能力真的把所有菜系都变成这么一个品牌，但这就是我的兴趣。如果我对这个菜系有一些了解，我有能力做的时候，有真正合适的机会，我就会去干。这就好像画画一样，我觉得好的画家不是说我这辈子要画多少幅画，而是有灵感的时候画。

李翔：就是没有一个计划，比如余生几十年要把菜系做遍，而是碰到合适的机缘，激发了这个种子，就去做。

张勇：对，一个画家可能会想，我要画一幅最牛的作品，心里面想要有这个作品。等灵感出来的时候，他可能就动手了。但是他不会说一辈子要画多少幅画——真的那样做的时候，可能也就那么回事。

芙蓉无双的机缘

李翔：做芙蓉无双的机缘是什么？

张勇：有那么几年，我经常去湖南，对湖南菜还是挺喜欢的。然后那时候我心里就在想，如果我做湖南菜应该怎么做。会有很多想法，但是都不靠谱。

第一，我觉得自己要面子，想做点自己面子上过得去的东西。第二，我做这个行业这么久，也多少得有点追求。有的时候大家名也要，利也要，但做不了利的时候，就要点名，总归要一样嘛。一样都做不好，那干吗呢？当然名利双收是最好的，但是很难做到，那就取其一。熊掌和鱼要一样也好。

李翔：最终的契机是什么？

张勇：可能是到了做这个事情的时候，刚好头脑里面哪根筋搭出来：我要干这个事情！在我没有想法的时候，我就先不干。又不着急。这就是我说的宁可错过，不要做错。我觉得是一种激情，突然之间有了这种激情的时候。所以我的企业还是很危险，我都靠激情做事。（笑）

李翔：像艺术家，是吗？

张勇：这种还是有点神经质的。比如说现在我要开意大利餐，你说法餐也可以开，西班牙餐也可以开，日餐也可以，那你为什么开意大利餐？我只能说，我现在头脑里面就是这个，我看到意大利餐做得挺好的，我会想如果我去做，我会怎么去做。实际上这种灵感就是这么产生的。法餐我也吃过很好的，我看不懂，我没有灵感，我觉得我做不到比它好。

李翔：那个决定的时刻就在于推演出来、想出来我能做得比已有的好？

张勇：或者我能做出来有我自己特点的那么一个店。

李翔：但我相信也是逐渐的，不是突然的灵光一现吧？

张勇：对，我毕竟吃了那么多意大利餐。

讲究食材，自然希望有稳定的供应

李翔：您是从什么时候开始有意识地去建供应链的？包括有自己的渔船、海鲜采购基地，包括做杨梅基地。

张勇：我没有刻意地去想。我就觉得好的东西，食材是最重要的，我必须能够有固定的供应链，所以我是一点一点地在做。我没想到以后怎么怎么样，没想那么远。

李翔：有起点吗？从什么时候开始去做的？

张勇：那是很多年前了，我对食材本身讲究。食材讲究的时候，我希望能够有稳定的供应，就这么简单。不是我有什么前瞻性。没有。现在在供应链里面，除了食材本身之外，我们还要有工厂，有生产链，这些还得建，所以是一个蛮大的工程。

但是我会坚持，我不做重 ①。我就是"贴牌"，我给要求、给标准、给配方，都可以，但我不自己做。我要做一个特种

---

① 指自己不做工厂。

部队、海豹突击队，但我永远不要变成正规军这种大规模的做法。

李翔：新荣记和荣叔真选端午节做的粽子，是用这种方式做的吗？

张勇：粽子是我们自己做的。

李翔：不是只输出标准和配方？

张勇：不是，因为做不好。我在厂里做，试了十几次，已经信心都没有了。我说那自己做吧，能做几个算几个。

李翔：所以我的意思是，会不会后面发现都只能这样？

张勇：我还是以品质为衡量标准的，如果厂里跟我做得一模一样，我肯定让厂里做，我没必要这么重。但如果有区别的话，我的选择是，我宁可少点量，还是得有品质。我是这么去做的。

"天天做，天天琢磨，就一定做得好"

李翔：之前也略微提到过，早期的时候，您也会从其他的餐厅挖一些厨师。

张勇：对。

李翔：再到后来基本全都靠自己培养。

张勇：对。

李翔：这个转折点大概出现在什么时候？

张勇：三四年前吧。

李翔：也就是 2018 年前后？

张勇：对，差不多 2017 年、2018 年的样子。为什么有这个转折呢？有两个原因。第一，这些人来我这里，基本上留存率非常低。为什么留存率低呢？他本身有功底，在我这里学东西，新荣记的东西他三个月半年就学会了，人家挖他一挖一个准。

李翔：变成来镀金了。

张勇：就是镀金，留存率非常低。第二个原因，开始找人，更多的是要用他以前的技术，后来发现以前的技术都没有用，都是做我的菜，那我还用什么呢？以前我啥都不会的时候，我要用他的菜、他的产品、他的技能的时候，我得挖他。现在我觉得我自己完全有能力去做产品、做标准的时候，我培养自己的人就可以了。

李翔：自己培养，效率比挖人要高，是吗？

张勇：要高。

李翔：你们自己培养的时候肯定也会看人、选人，比如一个什么样的人有可能成为一个好厨师，能看出来、问出来吗？

张勇：我选厨师标准很简单，你喜欢这个行业就进来。不要说热爱，你喜欢做厨师就进来，如果不喜欢，如果纯粹为了干一份工，你就别来。我现在就这么简单。不是所有的人都是我选的，但是我给我的团队就是这么一个要求。确实有很多年轻人喜欢做菜，而不是说家庭条件不好，要工作挣钱。以前都是读书不好才做厨师，现在完全不一样，现在到处都可以打工。

李翔：这个人是需要有一定功底的，还是说啥都不会也可以？

张勇：啥都不会，只要喜欢就可以。这个不是高科技的东西，就是一个技能。你喜欢了，你天天做，天天琢磨，就一定做得好。不需要很多功底。现在我们在台州有一个酒店，就是

90 后的厨师长带着 90 后、00 后的这些人在做，做出来的东西不比任何一家店差。你说他需要多少时间？

李翔：他不需要像以前的厨师那样，从打杂、配菜开始，一步一步？

张勇：不需要，不需要一关一关地过。以前是要过了水台，过了打荷①，一道一道的，现在不需要。

李翔：现在一个小孩进了新荣记，要先到台州的店里去吗？

张勇：不用。各个店都可以。

李翔：那不会有很多人想要过来学吗？西方电影里面会有这种情节，就是怎么样到米其林餐厅去申请工作才能被接受。

张勇：现在国内还没到这个程度。日本有。日本现在很多名厨下面的学徒进来的时候，就是很低很低的工资，人民币一千块，那他也会跟着你，因为他能学到东西。

李翔：新荣记餐饮学院、新荣记班扮演的角色是什么？

张勇：现在我们会跟很多院校合作开新荣记班，就是提前把我们的课程植入，不需要他到我这里再学。我们自己企业大

---

① 水台、打荷，都是中餐厨房的七大工种之一。水台负责鱼类、海鲜的宰杀及清洗，帮助厨师预备材料；打荷负责将切好配好的原料腌好调味、上粉上浆、用炉子烹制、协助厨师制作造型。

学没做好，现在只不过做了入职培训。但是从今年开始，干部培训也越来越多。

李翔：新荣记餐饮学院就是一个入职培训吗？

张勇：现在做的还是普通的入职培训，但是我希望它能够成为一个新荣记的黄埔军校，最关键的是干部的培养。我现在逐步在做了。这个东西自己不做绝对不行，一定得自己做，省不了，这个活必须自己干。

李翔：餐饮界的管理，还是师徒制的吗？

张勇：还是有点，还是师带徒。

李翔：但是我听到他们都叫您老板，不会叫您师父？

张勇：我不喜欢做师徒制。他们有些说要拜师，但一变成师傅，在内部就分层了，跟你是师徒关系的就亲一点，不是你徒弟的，自己觉得就好像没那么近。没必要。都一样，都平等，都是新荣记的。所以我不搞这个东西。

李翔：会有吗？

张勇：没有，我没有一个徒弟。

李翔：你们的大厨会有吗？

张勇：都没有，都是公平的。只要来新荣记的人，你都应该教他，没有师徒制，没有说谁是谁的徒弟。不说民主吧，就是在一个团结的氛围里面做事情。

挖人和培养

李翔：现在招人的话，比如一个人在其他品牌做过，虽然不到有名的层级，但是有基本功；另外一个人可能就完全是空白的，您会更倾向于哪一种？

张勇：我觉得没所谓，更重要的是看他跟企业的契合度，我们叫闻味道。

李翔：您自己会面试吗？

张勇：高层我会面。但是我们现在招高层越来越少，都是自己在培养。有些外面的店长空降到我们这里，融入起来还是蛮难的，而且他的归属感真的不强。你自己培养起来的，归属感真的不一样。

李翔：外面的店长融入很难，难在哪儿？

张勇：价值观不一样。他到你这里来，首先看的就是利益，他不会看到未来。只要有个机会，他觉得比你这儿好，他一定走。还有他的抗压能力也不一样，可能在这里觉得难的时候，他就会放弃。我们从下面上来的人，还是有抗压能力的。

李翔：中高层或者店长，台州人居多吗？

张勇：现在不是。以前我从台州起来的，可能台州人多。现在我觉得谁来都是新荣记的，不要说你是北方的，他是南方的。就像我们的香港店一样，都是香港人，香港文化跟我们完全不一样，但是我们可以用啊。你只有这样用人的时候，你才能做出来，不然你做不出来。

李翔：新荣记现在的主厨、厨师，应该是在市场上非常受欢迎的，您怎么去激励他们，让他们更好地留在这个团队里面，而不是被挖走？

张勇：我们之前就是简单的工资加奖金，加升职，还有所谓的文化影响。现在我们会慢慢地给高层有一个参与计划，比如我们今年开的店，会让出多少股份给他们去投资。而且以后我们一些店的品牌，他们自己也可以去做，大家都可以成为老板。包括也让我们中层的人看到，未来我也可以成为他们。当然基础的待遇还是不能比市场低。基础的待遇他们觉得是可以的，然后未来还有希望，在这里做能学到东西，还很开心。所以我觉得是综合的，不仅仅是一样东西。

李翔：您提到过你们的人被挖得挺厉害的。

张勇：是挺凶的。反过来我们再把牌翻开，到底挖走的是哪些人？实际上刚好是在这里十年八年，甚至十几年，要上上不去——如果他真的有这个潜能，早就上去了，上不去，但是现在又最需要钱，上有老下有小，他要么想做老板，要么想要更高的薪酬。而且基本上，新荣记的菜他们都会做了，十几年还有什么做不了？所以这些人会被挖走。

我觉得塞翁失马，未必是不好的事情。他走了，下面的人上来。我说，这个人你要这么去衡量，被挖走的时候，你是不是觉得很心疼？比如说人家出他几倍的工资，你愿不愿意出？如果你愿意出，那是你以前亏待了他，之前就应该给他。如果你不愿意出，那就不纠结。还有一个是，现在他走了，你是不是没有人可以用了？如果还有可以用的，甚至更年轻，那你纠结什么呢？所以我是这样看的。

弯路

李翔：您经常讲，您走了很多弯路、做了很多生意之后，才觉得自己命中注定要做餐饮。我好奇的是，做其他生意的过程有给您什么收获吗？弯路有收获吗？

张勇：第一，我觉得要做自己最擅长的东西，你对它懂，你知道深浅。其他东西你只是看到表面，不知道深浅。容易溺水的时候，就是不知深浅的时候。可能会运气好，会很顺，但是一出事情你就会"淹死"。知道深浅的时候，你就知道进退。无知者无畏，你不知道的时候、无畏的时候就是容易"死"的时候。人有敬畏心的时候，你知道哪里该退，哪里该冲。我们之前失败的所有生意就是不知道深浅。

李翔：然后运气也不好没挣到钱？

张勇：对，但可能你赚了也未必是好事。你觉得自己善泳，实际上你真的还不会游泳，真碰到一个大事情的时候，真的是捡不回来命。

铺天盖地和顶天立地

李翔： 在餐饮界您跟西贝的贾国龙、海底捞的张勇 ① 都聊过，他们都是做连锁、做标准化，会问您什么问题吗？因为感觉套路是完全不一样的。

张勇： 贾国龙跟我关系很好。海底捞张勇说过一句话，就是顶天立地永远不如铺天盖地。贾国龙就跟我开玩笑，他 ② 负责铺天盖地，你负责顶天立地。而且做顶天立地的做不了铺天盖地，做铺天盖地的也做不了顶天立地。

李翔： 就是他也不会想去做您这样的事情。

张勇： 他没有想，他从来不想，这种人都是智者，他觉得自己就适合做铺天盖地的事。

李翔： 他会好奇您什么东西吗？比如交流的时候，他会问您什么问题？

张勇： 比如说怎么可以把一种食物做得这么好吃，对这种

---

① 火锅品牌海底捞的创始人。
② 指海底捞张勇。

极致的产品的好奇。还有一点，比如我明知我这个生意做不大——他们也觉得你的商业模式做不大，为什么还乐在其中。可能在这两个方面。

李翔：其实让另外一个行业的人来看，如果真想做大的话，就不应该做餐饮。餐饮业的天花板，能跟互联网公司比吗？能跟卖酒的公司比吗？

张勇：对，我觉得每个人都应该知道要认命。什么叫认命呢？就是知道自己到底是吃哪碗饭的。最起码，如果现在还不明白，那我就老糊涂了。

李翔：您还年轻。（笑）

张勇：我得明白，海底捞我只能羡慕，但是我自己在我的事情里面也挺开心的，最起码我也觉得自己的价值得到了实现。

我带着我的团队，我希望给他们一个平台，这是我的责任。一个人不管事业大小，总归得有点社会责任感，这是我觉得我要承担的社会责任。而且，我自己的事情我觉得很好，我有什么不好呢？我也没觉得我有什么抬不起头。

李翔：您吃过海底捞吗？

张勇：我吃过。

李翔：也是因为好奇它的模式？

张勇：对，可能看一下它的服务，毕竟大家都说好。我喜欢的都不是连锁餐厅，我喜欢的都是有个性的餐厅，就一家店、两家店。所以为什么喜欢一些苍蝇馆子，因为苍蝇馆子就一家，而且我觉得它开十几年还能够活下来，一定有它的道理。不可能因为运气好就活十几年。

李翔：您的社交圈是什么样子的？

张勇：我现在不喜欢做很多交流、交际，做什么人脉。我们这个年纪应该做减法，多几个真心朋友，少点场面上的事情。要结人脉资源，年轻的时候做，现在这个时候做它干吗呢？你做得好，人家对你尊重。你做不好，天天在外面，参加几个饭局，没意思。

李翔：那就是社交很少。

张勇：就是很少的好朋友，有时候会有一些交流。还有的时候，我自己的餐厅里面，有些朋友坐在一起分享美食。就是我做一桌好菜，你们拿几瓶好酒，我们在这里吹牛，我也很放松。这里面不要说你是大老板，我是小老板，都很平等。我做一桌好菜给你吃，我又不求你什么事，很舒服，没有任何压力。我就是这样。很少社交，越来越少。说句实话，四处交往，还不如跟自己的团队多待待。

食单和食材

李翔：您正常的生活状态是什么样的？我看您也是经常飞来飞去的。

张勇：我很简单，第一就是管我的店，研究我的产品。除了这个事情以外，一空下来，我就全中国全世界去找美食。我对旅游这些东西没有什么大的爱好，就是喜欢美食。我想到哪里就飞到哪里，吃个遍。然后顺便带点食材回来研究一下，找点灵感。

我的生活就是为美食而存在。平时我也比较简单，抽点雪茄，喝口小酒，吃点好吃的，再有点锻炼。因为吃多了嘛，不锻炼也不行。（笑）

李翔：做什么锻炼？

张勇：我喜欢踢球，但是踢得少。现在越来越简单。我觉得到老了，简单是对的，变得越来越复杂也不好。

我有的时候在想，我开这么多年饭馆，也五十多岁了，什么东西能留下来？我觉得有两样东西是能留下来的。一个就是荣叔食单，可以像《随园食单》^①一样，留下一张好的菜单。比如我做的一个菌菇宴，以后大家吃菌菇的时候，可以照着做一遍，吃一遍。我觉得这个也是有成就感的。第二个就是我拍《荣叔拾味》，也作为一个介绍食材、民间味道的大片留下来，后人也会去看，荣叔以前对菌菇这个食材是怎么理解的，对水果、对水蜜桃是怎么理解的。

李翔：我记得有一次吃饭的时候，您给我讲，如果历史书上会写海底捞张勇的话，也一定会写您，这是开玩笑的还是认真的？

张勇：我毕竟是中国内地第一家拿米其林三星的，不管我以后怎么样，你得把我写进去吧？这也是为国争光嘛。然后新荣记是全世界拿星最多的米其林中餐，你也得写进去吧？但这是过眼云烟，对别人而言就是一个记忆，以后没得用。而我的食单，我拍下来的食材和美食故事，可能会留下来。

---

① 指清代文学家、美食家袁枚的烹饪著作《随园食单》。

何谓顶尖厨师

李翔：在您看来，一个顶尖的厨师，跟同样也非常棒，但是没有那么顶尖的厨师，差异到底在什么地方？

张勇：我一直在内部公开说，我评估一个厨师有五个维度。一是食材，如果一个厨师不懂得认识好食材，不懂得使用食材，就不是好厨师。二是味道，就像家里做菜，咸淡味的做法。三是火候，肉该炖烂的炖烂，鱼该蒸熟的蒸熟。这三个做好，他就一定是一个好厨师了。第四个，以前我说的是器皿，现在我叫呈现。就是一个好的东西，我怎么呈现给你，这是一个对美的理解，它需要生活的沉淀。做好呈现，这个厨师就已经到了蛮高的境界。最高的境界是什么，要加上第五个维度，也就是变化。

李翔：变化怎么理解？

张勇：就是可以化平凡为神奇。打个比方，降龙十八掌，我可以把十八招变成一百八十招，有一百八十种变化，这需要天赋。什么是天才？天才是天赋加上比别人付出更多的努力。努力没天赋成不了天才，有天赋不努力也成不了天才。

李翔： 您开始专注做餐饮之后，碰到过比较难的时候吗？

张勇： 肯定有啊，比如说我的管理，各种，都有。但是我没把它看成特别的困难。像我开香港店也难，可谁不难呢？谁都难。你得知道哪些难是我们必须面对的、必须克服的，知道那就不是难。

我们现在得把自己的商业模式练好，不能做错事，得一步一步按照我们接下来的战略来做。比如说《荣叔拾味》、荣叔真选，我觉得是非常好的项目，但是现在只不过画了一个饼，还没落下去，所以我得一步一步地落。这个过程也是挺难的，包括团队的组织、商业模式的不断磨合。我觉得你要做好，其实都是难的，就是一个小餐厅要开好也都要花这么多时间，你都没办法松懈。

李翔： 所以您的每个餐厅从选址、设计开始，每个细节您都要打磨。

张勇： 每个餐厅、所有的案子，都是我过的。这个没办法，这个我偷不了懒。

附　录

餐厅三味

名店追求的是菜味、店味、人味的统一。

菜味，到一个餐厅最关键是吃菜，但实际上除了菜做得好，还要有味。每个地方的客群都不一样，口味也就截然不同，除了烹调技术好以外，我觉得味道的拿捏特别重要。

店味，首先是平常说的装修，其次是店主品位的体现，比如音乐、香薰、花艺、摆设，等等。不管店档次的高与低，设计师的大与小，最关键是要把自己喜欢的味道呈现出来，就像自己家一样，一定要舒服。客人一进来，就知道店主的生活品位、对美学的要求是怎样的。

人味，也就是服务。每个店都是从一家小店开始，老板的性格和为人处事的方式都会影响到团队。什么叫好的服务？服务没有定义，你跟客人的距离决定了服务的质量，无论是每天跟客人吵架，还是跟所有客人都成为朋友，能与客人零距离的服务就是好的服务。

顶尖厨师的五个维度

第一，食材，如果一个厨师不认识好食材，不懂得使用食材，就不是好厨师。

第二，味道，就像家里做菜，咸淡味，该辣的辣，该甜的甜。

第三，火候，所有食物都有它的物理结构，肉该炖烂的炖烂，鱼该蒸熟的蒸熟。

第四，呈现，就是一个好的东西，我怎么呈现给你。这是一个对美的理解，它需要生活的沉淀。

第五，变化，就是可以化平凡为神奇。打个比方，降龙十八掌，如果可以把十八招变成一百八十招，有一百八十种变化，才是真正的大师，但是为此他需要天赋加上努力。

（以上摘自张勇先生的一次演讲，略有改动。）

图书在版编目（CIP）数据

张勇 / 李翔著 . -- 北京：新星出版社，2021.12（2022.12 重印）
（详谈）
ISBN 978-7-5133-4708-2

Ⅰ.①张… Ⅱ.①李… Ⅲ.①张勇-访问记 Ⅳ.
① K825.38

中国版本图书馆 CIP 数据核字（2021）第 238044 号

张勇

李翔 著

责任编辑：白华昭
策划编辑：张慧哲 翁慕涵
营销编辑：吴雨靖 *wuyujing@luojilab.com*
封面设计：李 岩 柏拉图
插 画：贺大磊
版式设计：仙境设计
责任印制：李珊珊

出版发行：新星出版社
出 版 人：马汝军
社 址：北京市西城区车公庄大街丙 3 号楼 100044
网 址：www.newstarpress.com
电 话：010-88310888
传 真：010-65270449
法律顾问：北京市岳成律师事务所

读者服务：400-0526000 *service@luojilab.com*
邮购地址：北京市朝阳区温特莱中心 A 座 5 层 100025

印 刷：北京盛通印刷股份有限公司
开 本：787mm×1092mm 1/32
印 张：5.25
字 数：103 千字
版 次：2021 年 12 月第一版 2022 年 12 月第三次印刷
书 号：ISBN 978-7-5133-4708-2
定 价：39.00 元